SCHNELL UND EINFACH ZUM Suppenglück

SCHNELL UND EINFACH ZUM *Suppenglück*

IN 30 MINUTEN ZUBEREITET

Reader's Digest

Inhalt

Internationale Suppen und Eintöpfe

Sonderseiten

Die Brühe – die Basis aller Suppen und Eintöpfe

Die Brühe spielt beim Kochen von Suppen und Eintöpfen die Schlüsselrolle. In der schnellen Küche kommen bevorzugt Instant- und Fertigprodukte zum Einsatz.

Für die schnelle Suppenküche

Brühe-Instantproduke sind für die 30-Minuten-Küche unerlässlich; angeboten werden sie in Form von Pulver, Würfel und Paste. Ein Würfel reicht in der Regel, um daraus 0,5 l Brühe herzustellen; bei Pulver und Paste variieren die Mengen je nach Hersteller (Packungsangabe beachten).

Aus Instantbrühe-Pulver lässt sich nicht nur Brühe herstellen, sie eignet sich auch bestens zum Nachwürzen von Speisen.

Instantprodukte gekonnt einsetzen

- Wenn Sie für eine Suppe oder einen Eintopf Brühe benötigen, brauchen Sie diese meist nicht separat zuzubereiten: einfach die entsprechende Wassermenge in den Topf gießen und das Instantprodukt nach Packungsangabe darin auflösen.
- Erhitzen Sie das Wasser vor dem Aufgießen (am besten im Wasserkocher), das verkürzt die Aufkochzeit der Suppe.
- Schneiden Sie Brühwürfel mit einem Messer klein, bevor Sie sie in die Suppe geben – so lösen sie sich schneller auf.
- Salzen Sie Brühen aus Instantprodukten, genau wie Fertigfonds, vorsichtig – sie enthalten meist schon recht viel Salz.

Fertigfonds für besondere Gerichte

Neben Rinder-, Kalbs-, Geflügel-, Fisch- oder Gemüsefond gibt es mittlerweile auch Spezialfonds zu kaufen (z. B. Hummer-, Enten-, Gänse- oder Wildfonds). Lesen Sie die Zutatenliste, und versuchen Sie Geschmacksverstärker zu meiden – Letzteres gilt auch für Instantprodukte. Verglichen mit Brühe-Instantprodukten sind Fertigfonds teurer.

Selbst gekochte Brühen

Nichts geht über selbst gekochte Brühen – auch in der schnellen Küche. Wer einen Schnellkochtopf besitzt, kann Brühe darin rasch zubereiten. Wichtig: den Schnellkochtopf nur zur Hälfte füllen, da die Brühe Platz zum Aufschäumen braucht. Für die in den folgenden Rezepten angegebenen Mengen benötigen Sie einen Topf mit mindestens 5 l Inhalt.

Wenn Sie keinen Schnellkochtopf haben, können Sie Brühe natürlich auch im herkömmlichen Topf kochen – allerdings muss sie darin zugedeckt bei schwacher Hitze etwa 2 Stunden köcheln, statt 30 Minuten im Schnellkochtopf zu garen.

Rinderbrühe

2 Möhren waschen und grob zerkleinern. **75 g Knollensellerie** schälen und grob würfeln. **1 kleine Stange Lauch** putzen, waschen und grob zerkleinern. **5 Petersilienstängel** waschen. **1 Knoblauchzehe** ungeschält halbieren. Von **1 Zwiebel** das obere und untere Ende abschneiden, die Zwiebel ungeschält vierteln. Gemüse, Zwiebel, Knoblauch, **500 g Rindfleisch** (Beinscheibe, Brust, Hochrippe), **1/2 TL schwarze Pfefferkörner**, **1 Lorbeerblatt**, **2 Gewürznelken** und **1 TL getrocknetes Liebstöckel** in den großen Schnellkochtopf geben. 2 l kaltes Wasser dazugießen. Den Topf nach Vorschrift verschließen. Den Topfinhalt erhitzen, bis der 1. Ring (Schonstufe) erscheint; bei schwacher Hitze 30 Minuten garen. Die Herdplatte ausschalten und warten, bis der Druckanzeiger sich gesenkt hat, erst dann den Topf öffnen. Die Brühe durch ein Sieb gießen und mit Salz würzen.

Fleisch für den Eintopf

Das gekochte Rindfleisch in kleine Würfel oder Streifen schneiden; mit Salz und Pfeffer würzen. In eine Nudelsuppe oder in einen Eintopf mit Gemüse und Kartoffeln geben.

Hühnerbrühe

2 Möhren, **2 Stangen Sellerie** und **1 kleine Stange Lauch** putzen, waschen und grob zerkleinern. **5 Petersilienstängel**, **4 Thymianzweige** und **1 Rosmarinzweig** waschen. **1 Knoblauchzehe** ungeschält halbieren. Von **1 Zwiebel** das obere und untere Ende abschneiden, die Zwiebel ungeschält vierteln. **500 g Hühnerschenkel** oder **Hühnerklein** kalt abspülen; in den Schnellkochtopf geben. **1/2 TL weiße Pfefferkörner**, **5 Pimentbeeren**, **1 Lorbeerblatt**, das zerkleinerte Gemüse, die Kräuter sowie Knoblauch und Zwiebel hinzufügen. 2 l kaltes Wasser dazugießen. Den Topf nach Vorschrift verschließen. Den Topfinhalt erhitzen, bis der 1. Ring (Schonstufe) erscheint; bei schwacher Hitze 30 Minuten garen. Die Herdplatte ausschalten und warten, bis der Druckanzeiger sich gesenkt hat, erst dann den Topf öffnen. Die Brühe durch ein Sieb gießen und mit Salz würzen.

Hühnerbrühe raffiniert würzen

Einen besonders feinen Geschmack erhält die Hühnerbrühe, wenn Sie eine getrocknete Muskatblüte (Macis) mitkochen.

Gemüsebrühe

1 kg Gemüse (z. B. Möhren, Fenchel, Lauch, Sellerie, Weißkohl, Petersilienwurzeln, Pastinaken) waschen, putzen und grob zerkleinern. **5 Petersilienstängel** waschen. **2 Zwiebeln** oben und unten abschneiden, dann ungeschält vierteln. **2 Knoblauchzehen** ungeschält halbieren. **1 TL getrocknetes Liebstöckel**, **2 Lorbeerblätter**, **1 TL schwarze Pfefferkörner**, **5 Pimentkörner**, das Gemüse, die Zwiebeln und den Knoblauch in den großen Schnellkochtopf geben. 2 l kaltes Wasser dazugießen. Den Topf nach Vorschrift verschließen. Den Topfinhalt erhitzen, bis der 1. Ring (Schonstufe) erscheint; bei schwacher Hitze 30 Minuten garen. Die Herdplatte ausschalten und warten, bis der Druckanzeiger sich gesenkt hat, erst dann den Topf öffnen. Die Brühe durch ein Sieb gießen und mit Salz würzen.

Gemüsebrühe querbeet

Für die Herstellung von Gemüsebrühe eignen sich nahezu alle Gemüsesorten. Auf diesem Wege können Sie auch bestens sämtliche Reste von Lauch, Möhren und anderem Gemüse, das sich noch im Kühlschrank befindet, verwerten. Besonders gut eignen sich Wurzel- und Knollengemüse. Dabei können Sie auch Blätter und Strünke mitkochen. Ebenso können abgeschnittene Kräuterstiele in den Topf gegeben werden.

Selbst gekochte Brühe im Vorrat

Im Tiefkühlgerät: Brühe abkühlen lassen; bis gut 1 cm unter den Rand in Tiefkühldosen füllen. Dosen verschließen und die Brühe einfrieren. Platzsparend lässt sich die Brühe einfrieren, indem man sie im offenen Topf bis auf etwa die Hälfte einkocht und in Eiswürfelbereiter füllt. Die Mini-Portionen eignen sich gut zum Würzen.

In Gläsern: Gläser oder Flaschen (am besten mit weitem Hals) mit kochend heißem Wasser ausspülen und mit kochend heißer Brühe füllen; sofort mit Twist-off-Deckeln verschließen. Abkühlen lassen und in den Kühlschrank stellen. So hält sich die Brühe etwa 2 Wochen. Praktisch: Bei Hühner- und Rinderbrühe setzt sich das Fett oben ab, wird fest und konserviert so die Brühe. Der Fettpfropf lässt sich vor Gebrauch der Brühe leicht abheben.

Würzzutaten und Vorräte für die Suppenküche

Kräuter und Gewürze, Saucen und Pasten verleihen Speisen eine individuelle Geschmacksnote. Sind außerdem noch die richtigen Grundzutaten im Vorrat, können Sie mit dem Kochen von Suppen und Eintöpfen sofort beginnen.

Frische Kräuter

Petersilie, **Schnittlauch**, **Dill** und **Basilikum** verleihen vielen Suppen und Eintöpfen geschmacklichen Pfiff und frisches, appetitliches Grün. Wer die Kräuter als Bund kauft, bewahrt

sie am besten in Frischhaltebeutel verpackt im Gemüsefach des Kühlschranks oder, falls vorhanden, im Frischefach auf. Praktisch und dekorativ sind Kräuter in Töpfen, sie können je nach Bedarf mit der Küchenschere abgeschnitten werden. Ideal ist das eigene Kräutergärtchen. Frische Kräuter erst kurz vor der Verwendung zerkleinern.

TK-Kräuter

Sie sind stets aus dem Vorrat verfügbar – Waschen und Zerkleinern entfällt. TK-Kräuter können Sie im gefrorenen Zustand über Suppe oder Eintopf streuen – sie tauen sofort auf. Zu kaufen gibt es einzelne Kräuter wie **Petersilie**, **Schnittlauch** oder **Bärlauch**, aber auch diverse **Kräutermischungen**.

Getrocknete Kräuter

Für die Zubereitung von Suppen und Eintöpfen sollten Sie getrocknete Kräuter stets griffbereit haben: **Lorbeerblätter** verleihen nahezu jeder Brühe ein feines Aroma. **Liebstöckel** ist für eine gute Brühe ebenfalls fast unentbehrlich. Lorbeerblätter, genau wie Liebstöckel, sind getrocknet geschmacksintensiver als im frischen Zustand.

Für eine mediterrane Geschmacksnote sollten **Thymian**, **Bohnenkraut**, **Oregano** und **Rosmarin** im Gewürzregal stehen. **Majoran** ist das typische Kraut für Kartoffelsuppen. Getrocknete Kräuter werden in der Regel in Suppe oder Eintopf mitgekocht. Wer sie zwischen den Handflächen etwas zerreibt, bevor sie in den Topf kommen, intensiviert ihr Aroma.

Muskat, Pfeffer, Chili

Da das Aroma leicht verfliegt, sollte Muskat erst zum Schluss frisch gerieben in die Suppe kommen. Tipp: **Muskatnuss** in die leeren Teller reiben und die Suppe darüberschöpfen.

Pfeffer sorgt für Schärfe. Als Universalpfeffer gilt der schwarze Pfeffer. Für zarte Zutaten wie z. B. Fisch hat auch weißer Pfeffer seinen Platz. Egal, ob schwarz oder weiß, Pfeffer sollte stets frisch gemahlen verwendet werden.

In manchen Rezepten werden **Chilischoten** mitgekocht. Wem das zu aufwendig ist oder wer keine Chilischote zur Hand hat, bringt auf die Schnelle mit **Cayennepfeffer** intensive Schärfe in Suppe oder Eintopf. Hierbei handelt es sich um fein gemahlene getrocknete Chilischoten.

Gewürzmischungen

Ein Griff – und schon ist Suppe oder Eintopf perfekt gewürzt. Das Angebot an Würzmischungen ist groß. Hier eine Auswahl:

- **Suppengewürz** Liebstöckel, Petersilie, Majoran, manchmal mit getrockneten Möhren und Sellerie. Passt zu allen Suppen mit Kartoffeln, Gemüse, Getreide oder Hülsenfrüchten.
- **Mediterrane Mischungen** Kräuter der Provence, italienische Kräutermischung, Pizzagewürz. Passen zu Suppen und Eintöpfen der Mittelmeerküche und sind die ideale Würze für Tomaten, Zucchini, Bohnen und Paprika.

• **Orientalische Mischungen** Ras el Hanout, Tajinegewürz, Couscous-Gewürz, Harissa. Sie passen besonders gut zu Auberginen, Kichererbsen, Bulgur. Enthalten häufig Kreuzkümmel, Kardamom oder Zimt.
• **Indische Mischungen** Curry, Garam Masala. Perfekte Würze für Linsen und Reis. Die gelbe Farbe stammt vom Kurkuma. Enthalten oft Koriander, Bockshornkleesamen und Ingwer.

Würzsaucen und Pesto

Chilisauce, **Sojasauce** und andere Würzsaucen eignen sich zum Abschmecken vieler Suppen und Eintöpfe. Man kann sie zum Würzen auch mit auf den Tisch stellen. **Pestos** oder **Tapenade** (Olivenpaste) rührt man häufig erst vor dem Servieren in Suppe oder Eintopf. Auf knuspriges Brot gestrichen, sind sie feine Begleiter. Nicht angebrochene Würzsaucen und Pestos sind in der Regel ohne Kühlung lange haltbar – ideal für den Vorrat. **Flüssigwürze** erinnert im Geschmack an Liebstöckel (Maggikraut), wird jedoch künstlich aus Pflanzeneiweiß hergestellt.

Rezept: Petersilien-Pesto

½ Bund Petersilie und **3 Knoblauchzehen** (geschält) grob hacken; mit **50 g Kürbiskernen** im Mixer fein zerkleinern. **½ TL Salz** und **100 ml Rapsöl** untermixen. Sorgt für frisches Grün und Kräuteraroma bei vielen Suppen und Eintöpfen.

Öl und Essig

Oft fehlt nur ein wenig Säure, um eine Suppe geschmacklich abzurunden. Je nach Gericht kann das **Kräuteressig**, **Weinessig** oder **Balsamico-Essig**, aber auch **Zitronensaft** sein.

Aromatisierte Öle wie **Chili- oder Ingweröl** sorgen für eine besondere Geschmacksnote, während **Kürbiskern-, Walnuss- oder Olivenöl** außerdem der Gesundheit zugute kommen.

Griffbereit: Zutaten aus dem Vorrat

Im Vorratsschrank
• Konserven (Dosen, Tetrapaks, Gläser, Tuben): Tomatenkonserven (gehackte Tomaten, ganze Tomaten, passierte Tomaten, Tomatenmark); gegarte Hülsenfrüchte (weiße Bohnen, rote Kidneybohnen, Linsen, Kichererbsen); Maiskörner; Fonds.
• Trockensortiment: Suppeneinlagen (Suppennudeln, asiatische Nudeln, Backerbsen); Getreideprodukte (Reis, Mehl, Grieß, Couscous, Bulgur, Graupen); Hülsenfrüchte mit kurzer Garzeit (rote Linsen, Schälerbsen); Instantbrühe-Produkte; für den Notfall Fertigsuppen aus der Tüte.
• Öle: neutrales Öl (z. B. Raps-, Sonnenblumenöl); Olivenöl.
• Kühl/trocken (Keller): Kartoffeln, Zwiebeln, Knoblauch.

Im Kühlschrank
• Gemüse: Möhren, Lauch, Frühlingszwiebeln, Sellerie, Zucchini.
• Milchprodukte und Käse: geriebener Käse, Frischkäse, saure Sahne, Sahne.
• Fette: Butter, empfindliche Öle (z. B. Walnussöl).
• Wurst, Speck, Schinken, Würstchen (im Vakuum).
• Außerdem: Eier, Tortellini, Maultaschen, Gnocchi (im Vakuum).

Im Tiefkühlgerät
• Gemüse: Blattspinat, Brokkoli, Champignons in Scheiben; Erbsen, Möhren, Suppengemüse-Mischung.
• Fisch und Meeresfrüchte: z. B. Lachs, Garnelen.

Suppe oder Eintopf kochen – das geht auch, wenn die Zeit drängt. Ob in einer Kürbiscremesuppe oder im Hühnertopf mit Nudeln und Gemüse, selbst in der schnellen Küche haben frische Zutaten ihren festen Platz, und auf gesunden Genuss muss dabei keineswegs verzichtet werden.

Zubereiten: 15 Minuten

Nudelsuppe mit Gemüse

Für 4 Portionen

- 150 g Spitzkohl oder junger Weißkohl
- 1 große Möhre
- 1 l Hühnerbrühe
- 80 g Suppennudeln (z. B. Mini-Orecchiette oder kurze Fadennudeln)
- 2 Frühlingszwiebeln
- 2 EL Sojasauce
- Kräutersalz
- frisch geriebene Muskatnuss

Pro Portion:
235 kcal; 19 g Eiweiß; 19 g Kohlenhydrate; 9 g Fett; 4 g Ballaststoffe

1. Den Kohl putzen, waschen und in feine Streifen schneiden, dabei den Strunk und die dicken Mittelrippen entfernen. Die Möhre putzen, schälen und in feine Würfel schneiden.

2. Die Hühnerbrühe in einem Topf aufkochen. Kohlstreifen und Möhrenwürfel in die Brühe geben und 5 Minuten im geschlossenen Topf garen.

3. Die Nudeln ebenfalls in die Brühe geben und gleichzeitig mit dem Gemüse garen, dabei die Garzeit auf der Packung beachten. Falls sie länger als 5 Minuten betragen sollte, die Nudeln entsprechend vor dem Gemüse in die Brühe geben.

4. In der Zwischenzeit die Frühlingszwiebeln putzen, waschen und fein zerkleinern. Die Suppe mit Sojasauce und Kräutersalz pikant abschmecken. Die Frühlingszwiebeln in die Suppe geben und kurz darin ziehen lassen.

5. Die Nudelsuppe mit frisch geriebener Muskatnuss würzen. Auf vorgewärmte Suppenteller verteilen; sofort servieren.

Clever vorbereiten

Zum Vorbereiten die Nudeln separat in kochendem Wasser garen. Abtropfen lassen und erst kurz vor dem Servieren in die Suppe geben. Die Nudeln sollten nicht zu lange in der Brühe sein – sie würden zu stark aufquellen und die Brühe aufsaugen.

Alternative

Zur Abwechslung können Sie diese Suppe statt mit Nudeln mit Backerbsen zubereiten. Diese unmittelbar vor dem Servieren einfach in die Brühe streuen.

Variante: Nudelsuppe mit Lauch und Tomate

Eine halbe kleine Stange Lauch putzen, waschen und in feine Streifen schneiden. In einem Suppentopf 1 l Hühnerbrühe zum Kochen bringen und den Lauch darin knapp 5 Minuten garen. 80 g Suppennudeln nach Packungsangabe mitgaren. 1 Tomate mit kochend heißem Wasser übergießen, kalt abschrecken, vom grünen Stielansatz befreien und häuten. Das Fruchtfleisch würfeln und die Würfel in der Suppe heiß werden lassen. Die Suppe mit Salz und Pfeffer abschmecken. Servieren; nach Belieben geriebenen Parmesan dazu reichen.

Zubereiten: 15 Minuten

Garnelensuppe mit Dill

Für 4 Portionen

- 1 Tomate
- 1 Schalotte
- 1 EL Öl
- 1/4 TL gemahlenes Piment
- 1/4 TL gemahlener Koriander
- 400 ml Fischfond
- 500 ml Hühnerbrühe
- 1 Lorbeerblatt
- 3 Frühlingszwiebeln
- 1 Bund Dill
- Salz
- frisch gemahlener Pfeffer
- Cayennepfeffer
- 2 EL Zitronensaft
- 250 g gegarte Garnelen

Pro Portion:
210 kcal; 25 g Eiweiß; 5 g Kohlenhydrate; 10 g Fett; 1,5 g Ballaststoffe

1. Die Tomate mit kochend heißem Wasser übergießen. Kurz ziehen lassen, dann kalt abschrecken. Den grünen Stielansatz von der Tomate entfernen, die Frucht häuten und in kleine Würfel schneiden. Die Schalotte schälen und fein würfeln.

2. Das Öl in einem Topf erhitzen und die Schalottenwürfel darin glasig werden lassen. Piment und Koriander unterrühren. Fischfond und Hühnerbrühe dazugießen, das Lorbeerblatt hinzufügen.

3. Die Suppe zum Kochen bringen und 5 Minuten zugedeckt köcheln lassen. In der Zwischenzeit die Frühlingszwiebeln putzen, waschen und fein zerkleinern. Den Dill waschen und die Spitzen abzupfen.

4. Die Suppe mit Salz, Pfeffer, Cayennepfeffer und Zitronensaft abschmecken. Tomatenwürfel, Garnelen und Frühlingszwiebeln untermischen; alles 2 Minuten in der Suppe ziehen lassen. Die Suppe mit den Dillspitzen bestreuen; servieren.

Das schmeckt dazu

Geröstete und mit Kräuterbutter bestrichene Vollkorn-Toastbrotscheiben sind die ideale Beilage zur Garnelensuppe. Die Toasts diagonal halbieren und lauwarm servieren.

Alternative

Für eine asiatische Note den Dill durch 4 Stängel frisches Koriandergrün ersetzen und statt des Lorbeerblatts ein Kaffirlimettenblatt nehmen; zum Schluss die Suppe mit etwa 2 EL thailändischer Fischsauce und 1/2 TL fein gehacktem frischem Ingwer würzen.

Variante: Garnelensuppe mit Fenchel

Eine fein gewürfelte Schalotte und eine fein gewürfelte Fenchelknolle in 1 EL Öl in einem Topf glasig dünsten. 1/2 TL zerstoßene Fenchelsamen untermischen, dann 900 ml Gemüsebrühe dazugießen. Alles aufkochen und 7 Minuten zugedeckt köcheln lassen. Anschließend 200 g gegarte Garnelen in die Suppe geben und in 2 Minuten darin heiß werden lassen. Die Suppe mit Salz, Pfeffer und 1 EL Anisschnaps abschmecken. Mit 1 EL gehacktem Fenchelgrün bestreuen und servieren.

Zubereiten: 25 Minuten

Knoblauchsuppe mit getrockneten Tomaten

Für 4 Portionen

- 75 g getrocknete Tomaten
- 250 g Zucchini
- 2 Schalotten
- 4 EL Olivenöl
- 2 TL Kräuter der Provence
- 800 ml Gemüsebrühe
- 4 Knoblauchzehen
- Salz
- frisch gemahlener Pfeffer
- 2 EL Zitronensaft

Pro Portion:
135 kcal; 2 g Eiweiß; 3 g Kohlenhydrate; 13 g Fett; 1 g Ballaststoffe

1. Die getrockneten Tomaten fein würfeln. In einer kleinen Schüssel mit 300 ml kaltem Wasser übergießen und 10 Minuten einweichen.

2. In der Zwischenzeit die Zucchini waschen, putzen und in feine Streifen schneiden. Die Schalotten schälen und fein würfeln.

3. Die Hälfte des Olivenöls in einem Topf erhitzen. Die Schalotten und die Zucchinistreifen darin 2 Minuten unter Rühren dünsten. Anschließend die Kräuter untermischen und die eingeweichten Tomaten mitsamt der Einweichflüssigkeit dazuschütten.

4. Die Gemüsebrühe zu der Zucchinimischung gießen und alles aufkochen. Die Suppe zugedeckt 10 Minuten bei schwacher Hitze köcheln lassen.

5. In der Zwischenzeit die Knoblauchzehen schälen und grob zerkleinern. Den Knoblauch mit Salz bestreuen und mit einem Messerrücken zu einem feinen Mus zerdrücken. Den Knoblauch in die Suppe einrühren.

6. Die Suppe mit Pfeffer und Zitronensaft abschmecken. Auf vier Teller verteilen und jede Portion mit 1/2 EL Olivenöl beträufeln.

Das schmeckt dazu

Knusprige Baguettescheiben, bestrichen mit einer würzigen schwarzen Olivenpaste (Tapenade), passen bestens zu dieser Suppe.

So geht's noch schneller

Statt der getrockneten Tomaten können Sie 75 g fertig gekauftes Tomaten-Pesto nehmen und dieses zum Schluss in die Suppe geben. Und wem das Zerkleinern der Knoblauchzehe zu mühsam ist, der würzt die Suppe einfach mit 2 EL Knoblauchöl (Olivenöl in Schritt 6 dann weglassen).

Variante: Knoblauchsuppe mit Verveine und Zitrone

In einem Topf 1 l Gemüsebrühe aufkochen. Die abgeriebene Schale von 1/2 unbehandelten Zitrone, 2 EL Zitronensaft, zwei zu Mus zerdrückte Knoblauchzehen sowie 16 in Streifen geschnittene Verveineblättchen (ersatzweise Zitronenmelisseblättchen) in die Suppe geben. Die Suppe salzen und pfeffern, 4 EL Olivenöl hineinrühren.

Zubereiten: 30 Minuten

Tomatenfond mit Basilikum

Für 4 Portionen
1,5 kg aromatische Strauchtomaten
1 Bund Basilikum
2 Rosmarinzweige
4 Pimentbeeren
8 Cocktailtomaten
Salz
frisch gemahlener Pfeffer
2 TL weißer Balsamico-Essig
1/2 TL Zucker
2 EL Olivenöl

Pro Portion:
110 kcal; 4 g Eiweiß; 10 g Kohlenhydrate; 6 g Fett; 3 g Ballaststoffe

1. Die Tomaten waschen, grob zerkleinern und in der Küchenmaschine mit dem Schlagmesser mixen. (Notfalls kann man die Tomaten auch im Mixbecher portionsweise mit dem Stabmixer pürieren.) Das Tomatenpüree in einen Suppentopf schütten und aufkochen. Basilikum und Rosmarinzweige waschen.

2. Zwei Drittel des Basilikums, beide Rosmarinzweige und die Pimentbeeren zum Tomatenpüree geben. Alles offen 5 Minuten bei starker Hitze kochen lassen.

3. In der Zwischenzeit vom restlichen Basilikum die Blättchen abzupfen; große in Streifen schneiden, kleine ganz lassen. Die Cocktailtomaten waschen, halbieren und auf Suppenteller verteilen.

4. Die Tomatenmischung in eine Passiermühle (feiner Locheinsatz) oder ein großes feinmaschiges Sieb (am besten ein Spitzsieb) geben und über einer Schüssel ausdrücken. Die Flüssigkeit in den Topf geben.

5. Den Tomatenfond nochmals erhitzen; mit Salz, Pfeffer, Balsamico-Essig und Zucker abschmecken. Auf die Teller verteilen, mit Basilikum garnieren und mit Olivenöl beträufeln.

Das schmeckt dazu

Brotstangen (Grissini) mit Schinkenscheiben (am besten Parma oder San Daniele) umwickeln und zum Tomatenfond reichen.

Für den Vorrat

Im Sommer bietet es sich an, aus sonnengereiften Tomaten Tomatenfond-Vorräte herzustellen. Der Tomatenfond lässt sich in Gefrierdosen oder -beuteln wunderbar einfrieren.

Honig für feine Süße

Eine leichte Süße unterstreicht das fein-säuerliche Tomatenaroma, deshalb gibt man an Tomatensuppen und -saucen stets etwas Zucker. Probieren Sie statt Zucker einmal Honig, z. B. Akazien- oder Orangenhonig.

Variante: Tomatenfond mit Pesto

1 l Gemüsebrühe in einem Topf aufkochen. Vier fein gehackte getrocknete Tomaten und 1 EL Tomatenmark in die Brühe geben; alles 10 Minuten zugedeckt kochen lassen. Den Tomatenfond mit Salz, Pfeffer, 1 Messerspitze Zucker und 1 TL Balsamico-Essig abschmecken. 4 TL Basilikum-Pesto unterrühren; servieren.

Zubereiten: 20 Minuten

Suppe mit Biskuitherzen

Für 4 Portionen

- 2 Eier
- 1/4 TL Salz
- 1 Messerspitze Zucker
- 50 g Mehl
- 20 g geriebener Parmesan
- 1 EL Olivenöl
- 1 l Gemüsebrühe
- frisch geriebene Muskatnuss
- 1 Bund Schnittlauch

Pro Portion:
155 kcal; 8 g Eiweiß; 10 g Kohlenhydrate; 9 g Fett; 1 g Ballaststoffe

1. Den Backofen auf 200 °C vorheizen. Ein Backblech mit Backpapier auslegen. Die Eier mit 1 EL lauwarmem Wasser, Salz und Zucker in einem hohen Rührbecher auf höchster Stufe mit den Quirlen des Handrührgeräts in 5 Minuten cremig aufschlagen. Das Mehl darübersieben; mit dem Parmesan und dem Olivenöl unter die Eiercreme heben.

2. Die Biskuitmasse etwa 5 mm dick (21 cm × 21 cm) auf das Backpapier streichen und im heißen Backofen 8 Minuten backen.

3. Den Biskuit auf ein Brett stürzen; sofort das Backpapier abziehen. Den Biskuit etwas abkühlen lassen. Mit Ausstechförmchen Herzen oder beliebige andere Motive ausstechen.

4. Während der Backzeit des Biskuits die Brühe in einem Topf erhitzen und mit Muskat würzen. Den Schnittlauch waschen und in Röllchen schneiden.

5. Die Brühe auf vorgewärmte Teller verteilen und die Biskuitherzen darauflegen. Alles mit Schnittlauch bestreuen und sofort servieren.

Clever vorbereiten

Die Biskuitherzen können bereits einen Tag vorher gebacken und ausgestochen werden; in einer Dose aufbewahren.

So geht's noch schneller

Wer wenig Zeit hat, kann die Biskuitplatte einfach in Quadrate schneiden, statt Herzen auszustechen.

Variante: Mandelrauten

2 Eier in eine Schüssel aufschlagen. Mit 1/4 TL Salz, 1 Messerspitze Zucker und 1 EL lauwarmem Wasser mit den Quirlen des Handrührgeräts cremig aufschlagen. 25 g gemahlene Mandeln, 25 g gesiebtes Mehl, 20 g geriebenen Parmesan, 1/2 TL getrockneten Thymian und 1 EL zerlassene Butter zur Eiercreme geben; unterheben. Die Masse 5 mm dick auf ein mit Backpapier belegtes Blech streichen und im 200 °C heißen Backofen 8 Minuten backen. Die Biskuitplatte auf ein Brett stürzen; das Backpapier sofort abziehen. Den Biskuit in Rauten schneiden und die Rauten statt der Biskuitherzen in der heißen Hühnerbrühe servieren.

Zubereiten: 25 Minuten

Wildfond mit frischen Pilzen

Für 4 Portionen

200 g Steinpilze oder Egerlinge
1 kleine Petersilienwurzel
800 ml Wildfond oder Rinderbrühe
1/4 TL getrocknetes Liebstöckel
2 EL roter Portwein
2 Thymianzweige
1/2 Rosmarinzweig
2 Petersilienstängel
Salz
frisch gemahlener Pfeffer

Pro Portion:
65 kcal; 6 g Eiweiß; 3 g Kohlenhydrate; 3 g Fett; 5 g Ballaststoffe

1. Die Pilze mit Küchenpapier abreiben, putzen und dabei die Stielenden abschneiden. Die Petersilienwurzel schälen, längs halbieren und in feine Scheiben schneiden.

2. Den Fond oder die Brühe in einem Topf zum Kochen bringen. Liebstöckel und Portwein hinzufügen. Die Petersilienwurzel in den Fond oder die Brühe geben und 5 Minuten darin bei schwacher Hitze garen.

3. In der Zwischenzeit die Pilze in dünne Scheiben hobeln oder schneiden. Thymian, Rosmarin und Petersilie waschen, die Blättchen abzupfen und fein hacken.

4. Die gehackten Kräuter und die Pilzscheiben in die heiße Suppe geben und 2 Minuten darin ziehen lassen.

5. Die Suppe mit Salz und Pfeffer abschmecken. Auf tiefe Teller oder Suppenschalen verteilen; sofort servieren.

So geht's noch schneller

Verwenden Sie statt der frischen Kräuter getrocknete und anstelle der frischen Pilze TK-Champignonscheiben. Sie werden gefroren in die Suppe gegeben und brauchen nur kurz darin gar zu ziehen.

Das schmeckt dazu

Servieren Sie Blätterteigstangen zu dem Fond. Um sie selbst zu backen, ausgerollten Blätterteig in 2 cm breite Streifen schneiden, die Streifen mit Eigelb bestreichen und mit Mohn- und Sesamsamen bestreuen. Im 220 °C heißen Ofen etwa 10 Minuten backen.

Variante: Pfifferlingsuppe

25 g getrocknete Pfifferlinge 15 Minuten in 300 ml Wasser einweichen. In der Zwischenzeit in einem Topf eine gewürfelte Schalotte und eine gehackte Knoblauchzehe in 2 EL Öl glasig dünsten. Pfifferlinge ausdrücken, klein schneiden und in den Topf geben, 600 ml Pilzfond oder Hühnerbrühe und 2 EL Weißwein dazugießen, die Einweichflüssigkeit durch ein Sieb ebenfalls hinzufügen; alles aufkochen und 5 Minuten bei schwacher Hitze heiß werden lassen; 1 EL Crème fraîche und 1 EL gehackte Petersilie unter die Pfifferlingsuppe rühren. Die Suppe mit Kräutersalz und Pfeffer abschmecken.

Zubereiten: 15 Minuten

Rote-Bete-Suppe

Für 4 Portionen

- 800 ml Rinderbrühe
- 200 ml Rote-Bete-Saft
- 1/4 TL Korianderkörner
- 6 Pimentbeeren
- 120 g abgetropfte Rote Bete (Glas)
- Salz
- frisch gemahlener Pfeffer
- 1 Messerspitze Zucker
- 1 TL Balsamico-Essig
- 100 g Meerrettich-Frischkäse (Doppelrahmstufe)
- 2 EL Walnussöl
- Schnittlauch zum Garnieren

Pro Portion:
245 kcal; 15 g Eiweiß; 6 g Kohlenhydrate; 18 g Fett; 2 g Ballaststoffe

1. Die Rinderbrühe und den Rote-Bete-Saft in einem Topf erhitzen. Währenddessen die Korianderkörner und Pimentbeeren in einem Mörser fein zerstoßen.

2. Die Gewürze in die Brühemischung geben; die Mischung aufkochen und 5 Minuten offen kochen lassen.

3. In der Zwischenzeit die abgetropfte Rote Bete in feine Streifen schneiden; beiseitestellen. Die Rote-Bete-Brühe mit Salz, Pfeffer, Zucker und Balsamico-Essig abschmecken.

4. Die Suppe auf vorgewärmte Suppentassen oder -teller verteilen. Aus dem Frischkäse mithilfe von zwei Teelöffeln kleine ovale Klößchen (Nocken) formen und auf die Brühe setzen.

5. Die Rote-Bete-Streifen auf die Portionen verteilen. Die Suppe mit dem Walnussöl beträufeln und mit Schnittlauchhalmen garnieren; sofort servieren.

So geht's noch schneller

Statt Koriander und Piment zu zerstoßen, können Sie gemahlene Gewürze verwenden. Ebenfalls gut zum schnellen Würzen eignen sich Gewürzmischungen für Lebkuchen oder Spekulatius.

Das schmeckt dazu

Reichen Sie zu der Suppe am besten frisch geröstetes Vollkornbaguette.

Alternativen

Sie können die Suppe statt mit Balsamico-Essig mit Himbeeressig abschmecken. Und wenn Sie keinen Meerrettich-Frischkäse griffbereit haben, rühren Sie einfach geriebenen Meerrettich aus dem Glas unter geschmacksneutralen Frischkäse.

Variante: Rote-Bete-Suppe mit Rindfleisch

800 ml Rinderbrühe erhitzen. Mit 1/4 TL getrocknetem Liebstöckel, Salz und gemahlenem Pfeffer würzen. 100 g feine Suppennudeln in die Brühe geben und nach Packungsangabe garen. Anschließend 125 g in Streifen geschnittenes gegartes Rindfleisch (z. B. Bratenrest oder von der Brühenzubereitung) sowie 120 g abgetropfte Rote Bete (in feinen Streifen) und 2 TL geriebenen Meerrettich (Glas oder frisch gerieben) hinzufügen.

6 x feine Klößchen

Zubereiten: 30 Min.

Klassische Grießnockerln

Für 4 Portionen

40 g weiche Butter mit den Quirlen des Handrührers schaumig rühren. Von **80 g Hartweizengrieß** zunächst 2 EL unter die weiche Butter rühren. Dann **1 Ei** untermischen. Nach und nach den restlichen Grieß in die Masse einrühren. Mit **Salz, Pfeffer** und frisch geriebener **Muskatnuss** abschmecken. Nach Belieben noch 1–2 EL gehackte **Petersilie** untermischen. Die Masse zugedeckt bei Raumtemperatur 15 Minuten quellen lassen. Mithilfe von 2 Teelöffeln etwa 20 Nockerln formen, diese in kochend heißer Brühe zugedeckt bei schwacher Hitze etwa 15 Minuten ziehen lassen.

Pro Portion:
160 kcal; 4 g Eiweiß; 14 g Kohlenhydrate; 10 g Fett; 1,5 g Ballaststoffe

Zubereiten: 25 Min. | Kühlen: 1 Std.

Möhrenklößchen

Für 4 Portionen

100 ml Möhrensaft mit **25 g Sahne** und **50 g Butter** in einem Topf aufkochen lassen. Die Hitze reduzieren. **80 g Dinkelgrieß** unterrühren, so lange weiterrühren, bis sich die Masse vom Topfboden löst. 2 Minuten abkühlen lassen, dann **1 Ei** unterrühren. **1/2 Bund frische Kräuter** (z. B. Petersilie, Schnittlauch, Kerbel oder Estragon) waschen und fein zerkleinern. Die Grießmasse mit **Salz, Pfeffer** und den Kräutern würzen; mit den Händen aus der Masse etwa 20 Klößchen formen. Diese 1 Stunde zugedeckt kühl stellen. Die Klößchen in kochend heißer Brühe zugedeckt bei schwacher Hitze in 10 Minuten gar ziehen lassen.

Übrigens: Die Klößchen passen sehr gut als Einlage in eine Grünkernsuppe (siehe Varianten-Rezept „Grünkern-Lauch-Suppe" S. 99). In diesem Fall die Klößchen erst in gesalzenem Wasser gar ziehen lassen, dann in die Suppe geben.

Pro Portion:
180 kcal; 3 g Eiweiß; 15 g Kohlenhydrate; 12 g Fett; 1,5 g Ballaststoffe

Zubereiten: 25 Min.

Safranklößchen

Für 4 Portionen

250 g Schichtkäse oder Speisequark (20 % Fett i. Tr.) in einem Sieb abtropfen lassen. **50 g weiche Butter** schaumig rühren, mit der abgeriebenen Schale von **1/2 unbehandelten Zitrone, Salz, Pfeffer, 3 Messerspitzen Safranpulver** und etwas **frisch geriebener Muskatnuss** würzen. **1 Ei**, den Quark und **125 g Semmelbrösel** unterrühren. Mit den Händen aus der Masse 20 Klößchen formen. Die Klößchen in kochend heißem Wasser zugedeckt bei schwacher Hitze etwa 10 Minuten ziehen lassen.

Übrigens: Die Safranklößchen schmecken am besten in einer cremigen Suppe, beispielsweise in der Süßkartoffelsuppe (siehe S. 43) oder in der Erbsensuppe mit Minze (siehe S. 53).

Pro Portion:
235 kcal; 6 g Eiweiß; 23 g Kohlenhydrate; 13 g Fett; 2 g Ballaststoffe

Zubereiten: 20 Min.

Schinkenknödelchen

Für 4 Portionen

50 g Toastbrot mit den Händen grob zerzupfen und im Mixer zerkleinern. **75 g gewürfelten gekochten Schinken** und **1 Ei** sowie **Kräutersalz** und **Pfeffer** dazugeben und alles zu einem geschmeidigen Teig mixen. Mit den Händen aus dem Teig etwa 16 kleine Knödel formen und diese in kochend heißer Brühe zugedeckt bei schwacher Hitze in etwa 10 Minuten gar ziehen lassen.

Pro Portion:
85 kcal; 8 g Eiweiß; 6 g Kohlenhydrate; 3 g Fett; 1 g Ballaststoffe

Zubereiten: 30 Min.

Grünkernklößchen

Für 4 Portionen

4 EL (40 g) Grünkernschrot und **2 EL (20 g) Weizenvollkornmehl** mischen. **20 g Butter, 5 EL Milch** und **5 EL Wasser** in einem Topf aufkochen. Die Schrot-Mehl-Mischung auf einmal dazuschütten, sofort mit einem Kochlöffel kräftig einrühren und weiterrühren, bis sich ein Kloß bildet, der sich vom Topfboden löst. Den Topf vom Herd nehmen und die Masse 2 Minuten abkühlen lassen. **1 EL gehackte Petersilie** und **1 Ei** in die Masse einarbeiten. Mit geriebener **Muskatnuss, Pfeffer** und **Kräutersalz** würzen. **1 EL geriebenen Parmesan** unterrühren. Mithilfe von 2 Teelöffeln 12 Klößchen formen und diese in kochend heißer Brühe zugedeckt bei schwacher Hitze in etwa 10 Minuten gar ziehen lassen.

Pro Portion:
70 kcal; 3 g Eiweiß; 10 g Kohlenhydrate; 2 g Fett; 1,5 g Ballaststoffe

Zubereiten: 25 Min.

Kokosklößchen mit Curry

Für 4 Portionen

200 ml Kokosmilch in einem Topf aufkochen. Die Hitze reduzieren und **100 g Hartweizengrieß** mit einem Kochlöffel in die Kokosmilch rühren. So lange weiterrühren, bis sich die Masse vom Topfboden löst. **50 g Kokosraspel** und **1 TL mildes Currypulver** unterrühren. Den Grießbrei 2 Minuten abkühlen lassen, dann **1 Ei** unterrühren. Mit **Salz, Pfeffer** und **1 Messerspitze gemahlenem Koriander** würzen. Aus der Masse mit den Händen 20 Klößchen formen. Diese in kochend heißer Brühe zugedeckt bei schwacher Hitze in 10 Minuten gar ziehen lassen.

Übrigens: Die Klößchen schmecken sehr gut in einer würzigen Hühnersuppe (z. B. Varianten-Rezept S. 109).

Pro Portion:
265 kcal; 6 g Eiweiß; 21 g Kohlenhydrate; 19 g Fett; 6,5 g Ballaststoffe

Klößchen auf Vorrat

Selbst gemachte Klößchen lassen sich prima vorbereiten und einfrieren. Die Klößchen nach Rezept zubereiten, in leicht gesalzenem Wasser oder in Brühe gar ziehen lassen, mit dem Schaumlöffel herausheben, gut abtropfen und auf einem Teller abkühlen lassen. Nebeneinander in eine Gefrierdose legen und einfrieren. Nach Bedarf kann man nun ganz schnell eine Suppe mit Klößchen zubereiten: einfach Brühe aufkochen, die gefrorenen Klößchen hineingeben und in etwa 6 Minuten darin heiß werden lassen.

Vorbereiten: 15 Minuten | Backen: 10 Minuten

Ochsenschwanzsuppe unter der Haube

Für 4 Portionen

- 150 ml Madeira oder Portwein
- 1 Stange Sellerie
- 1 Möhre
- 800 ml klare Ochsenschwanzsuppe (Fertigprodukt) oder Rinderbrühe
- Salz
- frisch gemahlener Pfeffer
- 1 Frühlingszwiebel
- 20 g eingelegte schwarze Trüffel (Glas)
- 125 g Rinderfiletspitzen in feinen Streifen
- 1 Rolle Blätterteig (275 g; Kühlregal)
- 1 Eigelb

Pro Portion:
520 kcal; 22 g Eiweiß; 28 g Kohlenhydrate; 30 g Fett; 4 g Ballaststoffe

1. Madeira oder Portwein in einem Topf erhitzen und offen bei starker Hitze 5 Minuten einkochen lassen.

2. In der Zwischenzeit die Selleriestange waschen und putzen, die Möhre putzen und schälen. Das Gemüse in feine Würfel schneiden.

3. Die Ochsenschwanzsuppe oder die Brühe zum Madeira gießen. Die Suppe aufkochen lassen, das Gemüse hinzufügen und 3 Minuten zugedeckt garen. Mit Salz und Pfeffer abschmecken.

4. In der Zwischenzeit den Backofen auf 220 °C vorheizen. Die Frühlingszwiebel waschen, putzen und in Ringe schneiden.

5. Die Trüffel in feine Scheiben hobeln. Diese mitsamt etwas Einweichflüssigkeit, den Rinderfiletstreifen und den Frühlingszwiebelringen auf vier ofenfeste Suppentassen verteilen.

6. Aus dem Blätterteig vier Kreise (die etwas größer als die Öffnungen der Suppentassen sind) ausschneiden. Die Suppe auf die Suppentassen verteilen; die Tassen mit dem Teig schließen, dabei die Ränder festdrücken.

7. Die Teigdeckel mit Eigelb bestreichen. Die Suppentassen für 10 Minuten in den heißen Ofen stellen, bis der Teig knusprig aufgegangen ist. Sofort servieren.

So geht's noch schneller

Statt der ganzen Trüffel können Sie ersatzweise 2 TL Trüffelpaste oder -öl verwenden, um der Suppe Aroma zu verleihen.

Clever vorbereiten

Die Brühe mit dem Gemüse und die Blätterteigkreise können Sie vorbereiten. Vor dem Servieren brauchen Sie nur noch Fleisch, Trüffel und Frühlingszwiebeln auf die Suppentassen zu verteilen; die Suppe wie angegeben fertigstellen.

Variante: Fischsuppe unter der Haube

800 ml Fischfond mit 50 ml Wermut (z. B. trockner Martini) aufkochen. 100 g feine Möhren- und 50 g feine Lauchstreifen hinzufügen; 2 Minuten in der Fondmischung garen. 200 g Zanderfilet in 16 Würfel schneiden; salzen, pfeffern, mit 1 EL Zitronensaft beträufeln. Auf vier ofenfeste Suppentassen verteilen und mit der Suppe übergießen. Wie oben beschrieben die Tassen mit Blätterteig bedecken, die Teigdeckel mit Eigelb bestreichen und überbacken.

Zubereiten: 15 Minuten

Brotsuppe mit Ei

Für 4 Portionen
1 EL Butter
2 EL Olivenöl
4 Scheiben Brot (z. B. Baguette)
1 l Rinderbrühe
Salz
frisch gemahlener Pfeffer
6 EL Essig
4 Eier
4 EL geriebener Parmesan

Pro Portion:
320 kcal; 17 g Eiweiß; 17 g Kohlenhydrate; 20 g Fett; 1 g Ballaststoffe

1. Die Butter und das Olivenöl in eine Pfanne geben und erhitzen. Die Brotscheiben im heißen Fett auf beiden Seiten goldbraun rösten.

2. Gleichzeitig die Rinderbrühe in einem Topf heiß werden lassen; mit Salz und Pfeffer abschmecken.

3. Währenddessen in einem zweiten Topf 1 l Wasser mit dem Essig aufkochen. Die Eier jeweils einzeln in eine Tasse aufschlagen, in das siedende, aber nicht mehr kochende Essigwasser gleiten lassen und in 4 Minuten gar ziehen lassen (pochieren).

4. Inzwischen die Brotscheiben in vier vorgewärmte Suppentassen oder -teller legen und mit dem geriebenen Parmesan bestreuen. Die heiße Brühe mit einer Schöpfkelle auf die mit Parmesan bestreuten Brotscheiben geben.

5. Die pochierten Eier vorsichtig mit einem Schaumlöffel aus dem Essigwasser heben und in die Suppe gleiten lassen. Die Suppe nach Belieben mit gehackten Petersilienblättchen bestreuen und sofort servieren.

So geht's noch schneller

Statt das Ei separat zu pochieren, können Sie es auch roh auf die Brotscheiben in die Suppenteller geben und anschließend mit kochend heißer Brühe übergießen. Bedenken Sie jedoch: In jedem Fall müssen die Eier sehr frisch sein.

Reste verwerten

Für diese Suppe können Sie prima altbackenes Brot verwenden. Besonders gut eignet sich jede Art von Baguette, aber auch anderes Brot wie Sonnenblumenkernbrot oder Toastbrot.

Variante: Brezelsuppe

Eine fein gewürfelte Zwiebel und zwei fein gehackte Knoblauchzehen in einem Topf in 2 EL heißem Öl dünsten. 1 l Gemüsebrühe dazugießen; aufkochen und 5 Minuten kochen lassen. In der Zwischenzeit 2 Laugenbrezeln, -stangen oder -brötchen (etwa 125 g; können auch altbacken sein) in feine Scheiben schneiden. Diese mit 4 EL Schmand in die Suppe geben und 3 Minuten ziehen lassen. Die Suppe mit frisch gemahlenem Pfeffer und frisch geriebener Muskatnuss würzen. Mit Schnittlauch bestreuen und servieren.

Zubereiten: 20 Minuten

Kräuterpfannkuchensuppe mit Salatstreifen

Für 4 Portionen

- 2 EL Mehl (20 g)
- 4 EL Milch
- 2 Eier
- 1 Bund Kräuter (z. B. Petersilie, Schnittlauch)
- 4 Salatblätter (z. B. Radicchio, Kopfsalat, Chicorée)
- Salz
- frisch gemahlener Pfeffer
- 1 EL Öl
- 1 l Hühner- oder Gemüsebrühe
- frisch geriebene Muskatnuss

Pro Portion:
300 kcal; 20 g Eiweiß; 6 g Kohlenhydrate; 22 g Fett; 2 g Ballaststoffe

1. Mehl, Milch und Eier in einer Rührschüssel zu einem glatten Pfannkuchenteig verquirlen.

2. Die Kräuter waschen und fein hacken. Die Salatblätter ebenfalls waschen, mit Küchenpapier trocken tupfen und in Streifen schneiden. Die gehackten Kräuter sowie Salz und Pfeffer unter den Pfannkuchenteig rühren.

3. Das Öl in einer möglichst großen beschichteten Pfanne erhitzen. Den Kräuterteig hineingießen und zu einem Pfannkuchen backen.

4. Den Pfannkuchen auf einen Teller gleiten und abkühlen lassen. Wer keine große Pfanne hat, bäckt einfach zwei kleinere Pfannkuchen.

5. Die Brühe in einem Topf erhitzen; mit Pfeffer und Salz abschmecken. Den Pfannkuchen aufrollen und in 5 mm dicke Streifen schneiden.

6. Zum Servieren etwas Muskatnuss direkt in vier Teller reiben. Die Pfannkuchenröllchen und die Salatstreifen darauf verteilen. Zum Schluss die kochend heiße Brühe in die Teller schöpfen; sofort servieren.

So geht's noch schneller

Nehmen Sie statt der frischen Kräuter einfach tiefgefrorene, die unaufgetaut in den Pfannkuchenteig gegeben werden.

Clever vorbereiten

Gleich mehrere Pfannkuchen auf Vorrat backen und einfrieren. Dafür die Pfannkuchen auskühlen lassen, dann aufrollen, fest verpacken und ins Tiefkühlgerät legen. Vor der Verwendung die Pfannkuchen auftauen lassen, aufschneiden und auf die Teller verteilen. Wichtig: die Pfannkuchen erst kurz vor dem Anrichten mit Brühe übergießen, damit sie nicht aufquellen.

Variante: Eierflockensuppe

2 Eier mit dem Schneebesen verquirlen, dabei 1 EL Mehl unterrühren. Die Masse glatt rühren und mit Salz, frisch gemahlenem Pfeffer und frisch geriebener Muskatnuss würzen. 1 l Hühner oder Gemüsebrühe aufkochen. Die Eimasse in die Brühe laufen lassen, dabei kräftig mit dem Schneebesen rühren. Die Suppe mit Schnittlauchröllchen bestreuen und sofort servieren.

Zubereiten: 15 Minuten

Frühlingssuppe mit grünem Spargel

Für 4 Portionen

- 2 EL ungeschälte Sesamsamen
- 1 l Hühnerbrühe
- 200 g grüner Spargel
- 20 g Kerbel
- 40 g Sauerampfer oder junger Spinat
- 150 g abgetropfte Artischockenherzen (Kühlregal oder Glas)
- Salz
- frisch gemahlener Pfeffer

Pro Portion:
240 kcal; 18 g Eiweiß; 4 g Kohlenhydrate; 17 g Fett; 7 g Ballaststoffe

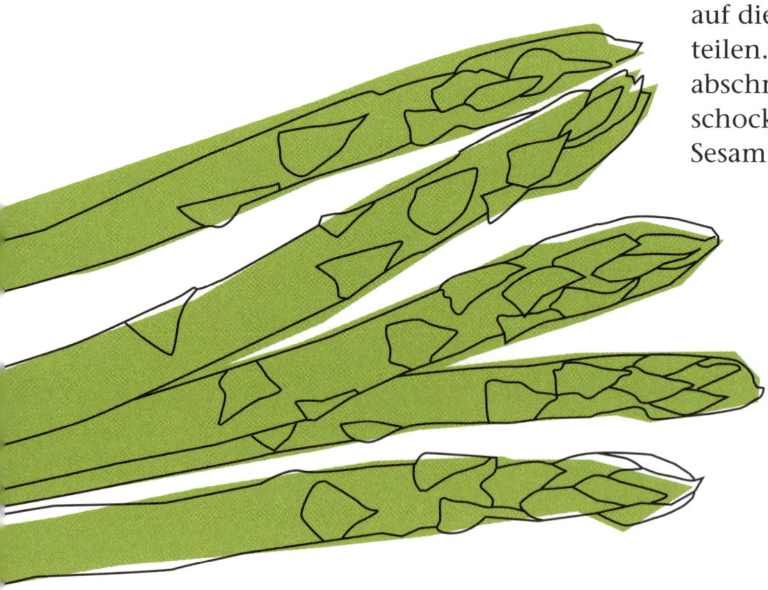

1. Die Sesamsamen in einer Pfanne ohne Fett rösten. Die Hühnerbrühe in einem Topf aufkochen.

2. In der Zwischenzeit die Spargelstangen waschen, putzen und nur die unteren Drittel schälen. Die Stangen in 2 cm dicke Scheiben schneiden, in die Brühe geben und in 5 Minuten zugedeckt bei schwacher Hitze bissfest garen.

3. Währenddessen Kerbel und Sauerampfer verlesen und waschen. Die Kerbelblättchen von den Stielen zupfen. Den Sauerampfer oder Spinat in feine Streifen schneiden. Größere Artischockenherzen in mundgerechte Stücke schneiden.

4. Kerbel, Sauerampfer und Artischocken auf die Suppenteller oder -tassen verteilen. Die Brühe mit Salz und Pfeffer abschmecken; auf Kräuter und Artischocken schöpfen. Die Suppe mit dem Sesam bestreuen; sofort servieren.

So geht's noch schneller

Zum Kleinschneiden mehrere Spargelstangen neben- und übereinanderlegen. Wer sehr wenig Zeit hat, verwendet Spargel aus dem Glas und eine TK-Kräutermischung.

Alternative

Beträufeln Sie die Suppe vor dem Servieren mit etwas geröstetem Sesamöl (Sesamöl aus gerösteten Sesamsamen), statt sie mit gerösteten Sesamsamen zu bestreuen. Das geschmacksintensive Öl können Sie in Asienläden und auch im gut sortierten Supermarkt (Spezialitätenregal) kaufen.

Variante: Kräutersuppe mit Erbsen

100 g TK-Erbsen unaufgetaut in 1 l kochende Gemüsebrühe geben; aufkochen, dann 3 Minuten garen lassen. 40 g verlesene, gewaschene, zerkleinerte Kräuter (z. B. Kerbel, Bärlauch, Borretsch, Estragon, Petersilie) und zwei gewaschene, zerkleinerte Frühlingszwiebeln auf vier Suppenteller verteilen. Die kochend heiße Brühe über Kräuter und Zwiebeln schöpfen. Die Suppe mit frisch gemahlenem Pfeffer und geriebener Muskatnuss bestreuen und mit 2 EL Olivenöl beträufeln. Sofort servieren.

Zubereiten: 25 Minuten

Brokkolisuppe mit Currysahne

Für 4 Portionen

2 EL Mandelblättchen
400 g Brokkoli
4 EL Öl
4 EL Dinkelmehl
300 ml Milch
400 ml Gemüsebrühe
100 g Sahne
1/2 TL mildes Currypulver
Kräutersalz
frisch gemahlener Pfeffer
2 EL Zitronensaft

Pro Portion:
300 kcal; 8 g Eiweiß; 16 g Kohlenhydrate; 22 g Fett; 3 g Ballaststoffe

1. Die Mandelblättchen in einer Pfanne ohne Fett rösten. Vom Brokkoli die Röschen ablösen; diese waschen, putzen und in mundgerechte Stücke teilen. Den Strunk schälen und in Würfel schneiden.

2. Etwa 300 ml Wasser in einen Topf mit Dämpfeinsatz füllen. Brokkoliröschen und Strunkstückchen im Dämpfeinsatz in den Topf geben. Wasser aufkochen und den Brokkoli in 10 Minuten im Dampf garen.

3. In der Zwischenzeit das Öl in einem zweiten Topf erhitzen. Das Dinkelmehl hineinrühren und darin kurz anschwitzen. Den Topf vom Herd nehmen.

4. Die Milch zum Mehl gießen und mit einem Schneebesen glatt rühren. Den Topf wieder auf den Herd stellen. Die Gemüsebrühe dazugießen. Alles erhitzen, dabei gelegentlich rühren, damit keine Klümpchen entstehen.

5. Den Dämpfeinsatz mit dem Brokkoli aus dem Topf heben; das Gemüse sofort mit kaltem Wasser abschrecken. Den Dämpfsud unter die Mehl-Brühe-Mischung rühren.

6. Die Flüssigkeit unter gelegentlichem Rühren 5 Minuten köcheln lassen. Währenddessen die Sahne mit dem Currypulver und etwas Kräutersalz steif schlagen.

7. Die Brokkoliröschen in die Flüssigkeit geben und heiß werden lassen. Alles mit dem Stabmixer pürieren und dabei cremig aufschlagen. Mit Kräutersalz, Pfeffer und Zitronensaft abschmecken.

8. Die Brokkolisuppe auf vorgewärmte Schalen oder Suppenteller verteilen. Mit der Currysahne garnieren und mit den Mandeln bestreuen. Sofort servieren.

So geht's noch schneller

Statt des frischen Brokkolis 300 g TK-Brokkoli verwenden. Besonders schnell: Dinkelcremesuppe aus der Tüte nach Packungsangabe zubereiten und zum Schluss einfach gegarten Brokkoli untermixen.

Reste verwerten

Für diese Cremesuppe können Sie hervorragend übrig gebliebenes gegartes Gemüse verwenden. Ersetzen Sie einfach den Brokkoli durch den jeweiligen Gemüserest.

Clever vorbereiten

Die Suppe mit Mehl binden und den Brokkoli garen. Vor dem Servieren brauchen Sie nur noch das Gemüse unterzumixen und die Suppe fertigzustellen.

Variante: Blumenkohlsuppe

In einem Topf eine gewürfelte Zwiebel in 2 EL Öl glasig dünsten. 350 g zerkleinerten Blumenkohl mitdünsten. 800 ml Gemüsebrühe dazugießen, aufkochen lassen und das Gemüse in etwa 15 Minuten weich garen. 150 g Sahne mit 2 EL Mehl verquirlen; Blumenkohl in der Brühe pürieren. Sahnemischung einrühren und die Suppe aufkochen lassen. Mit 1 EL Zitronensaft, etwas Muskatnuss, Pfeffer und Kräutersalz abschmecken. Die Suppe nach Belieben mit Currysahne und Mandelblättchen bestreuen.

Zubereiten: 20 Minuten

Fruchtige Tomatencremesuppe

Für 4 Portionen

- 1 Zwiebel
- 2 Knoblauchzehen
- 2 EL Olivenöl
- 1 TL getrockneter Oregano
- 2 EL Tomatenmark
- 2 Dosen gehackte Tomaten (je 400 g)
- 125 ml Gemüsebrühe
- 16 Cocktailtomaten
- 4 Basilikumzweige
- 125 ml Orangensaft
- 1 TL Balsamico-Essig
- 2 EL Crème fraîche
- Salz
- frisch gemahlener Pfeffer
- Außerdem: 4 Schaschlikspieße

Pro Portion:
130 kcal; 3 g Eiweiß; 10 g Kohlenhydrate; 8 g Fett; 3 g Ballaststoffe

1. Die Zwiebel schälen und würfeln. Die Knoblauchzehen ebenfalls schälen und fein hacken.

2. In einem Topf 1 EL Olivenöl heiß werden lassen. Die Zwiebelwürfel und den Knoblauch darin glasig dünsten.

3. Oregano, Tomatenmark, Dosentomaten und Gemüsebrühe dazugeben. Alles aufkochen und 8 Minuten offen köcheln lassen, die Mischung dabei gelegentlich umrühren.

4. In der Zwischenzeit die Cocktailtomaten und das Basilikum waschen. Die Basilikumblätter abzupfen und abwechselnd mit den Tomaten auf die Schaschlikspieße stecken.

5. Die Tomatensuppe mit dem Stabmixer pürieren, dabei Orangensaft, Balsamico-Essig und Crème fraîche untermixen. Mit Salz und Pfeffer abschmecken.

6. Die Suppe auf Suppentassen oder Suppenteller verteilen und mit dem restlichen Olivenöl (1 EL) beträufeln. Die Tomatenspieße dazu anrichten.

So geht's noch schneller

Tomatensuppe aus der Tüte nach Packungsangabe zubereiten, dabei 100 ml Wasser durch Orangensaft ersetzen. Zum Schluss 2 EL Crème fraîche und 2 EL Olivenöl unter die Suppe ziehen.

Alternative

Statt mit Olivenöl können Sie die Suppe mit Basilikumöl beträufeln. Um Basilikumöl selbst herzustellen, gewaschene und gut trocken getupfte Basilikumzweige (am besten über Nacht auf Küchenpapier trocknen lassen) mit Olivenöl in eine saubere Flasche füllen; Flasche fest verschließen. Das Öl bei Raumtemperatur 3 Wochen ziehen lassen.

Variante: **Feurige Tomatencremesuppe**

Zwei fein zerkleinerte Frühlingszwiebeln in 2 EL heißem Olivenöl kurz dünsten. 2 EL Tomatenmark, eine getrocknete rote Chilischote 1 TL getrockneten Thymian, 800 g gehackte Tomaten (2 Dosen) und 150 ml Gemüsebrühe unterrühren. Alles aufkochen, dann zugedeckt 5 Minuten köcheln lassen. Die Suppe mit 1 EL Weinbrand sowie Salz und Pfeffer, Cayennepfeffer, Tabascosauce und 1 Messerspitze Zucker pikant abschmecken. 4 EL Sahne unterrühren.

Zubereiten: 30 Minuten

Maronen-Cappuccino

Für 4 Portionen

- 1 Schalotte
- 1 Knoblauchzehe
- 1 kleine Stange Lauch
- 1 Stange Sellerie
- 2 EL Olivenöl
- 400 g gegarte, geschälte Esskastanien (Maronen)
- 1 l Gemüsebrühe
- 4 Walnusskernhälften
- 100 ml Milch
- 2 EL Crème fraîche
- 1 EL Zitronensaft
- 2 EL Portwein
- Salz
- frisch gemahlener Pfeffer
- Cayennepfeffer
- frisch geriebene Muskatnuss

Pro Portion:
265 kcal; 5 g Eiweiß; 38 g Kohlenhydrate; 10 g Fett; 9 g Ballaststoffe

1. Die Schalotte schälen und würfeln. Die Knoblauchzehe schälen und fein hacken. Den Lauch putzen, waschen und in Streifen schneiden. Die Selleriestange waschen, putzen und in kleine Würfel schneiden.

2. Das Olivenöl in einem Topf erhitzen, Schalottenwürfel und Knoblauch darin glasig dünsten. Das klein geschnittene Gemüse und die Kastanien hinzufügen und kurz mitdünsten.

3. Die Gemüsebrühe in den Topf zu Gemüse und Kastanien gießen. Alles aufkochen und zugedeckt 10 Minuten bei schwacher Hitze köcheln lassen.

4. Währenddessen die Walnüsse fein hacken. Die Milch in einem kleinen Topf erhitzen und mit einem Miniquirl oder Schneebesen schaumig schlagen.

5. Die Suppe mit dem Stabmixer fein pürieren, dabei Crème fraîche, Zitronensaft und Portwein untermixen. Mit Salz, Pfeffer und Cayennepfeffer würzen.

6. Die Kastaniensuppe auf vier vorgewärmte Cappuccino- oder Suppentassen verteilen. Etwas Milchschaum auf jede Suppenportion geben und den Schaum mit geriebener Muskatnuss und den gehackten Walnüssen bestreuen.

So geht's noch schneller

Wer eine Kaffeemaschine mit Milchschäumer hat, kann damit ganz fix den Milchschaum zubereiten.

Clever vorbereiten

Die Suppe bis zum Arbeitsschritt 3 zubereiten und die Walnüsse fein hacken; bis zur Fertigstellung zugedeckt kühl stellen. Die Suppe kurz vor dem Servieren erhitzen, dann pürieren, dabei die restlichen Zutaten untermixen, und würzen. Parallel dazu die Milch aufschäumen.

Variante: Pilzcremesuppe mit Maronen

25 g getrocknete Pilze (z. B. Steinpilze) 15 Minuten in 300 ml Wasser einweichen. Eine gewürfelte Zwiebel in 2 EL heißem Öl glasig dünsten. Pilze ausdrücken, klein schneiden, kurz mit den Zwiebeln dünsten. Mit Kräutersalz, Pfeffer und ½ TL Thymian würzen. 500 ml Hühnerbrühe und die Einweichflüssigkeit durch ein feinmaschiges Sieb dazugießen; aufkochen. 125 g Sahne mit 3 EL Kastanienmehl verrühren. In die Suppe rühren; 2 Minuten köcheln lassen, dabei gelegentlich rühren. 2 EL Butter zerlassen, 1 EL Zucker bei mittlerer Hitze darin schmelzen, dann 250 g gegarte, geschälte Maronen darin 5 Minuten ziehen lassen. Mit Salz, Pfeffer und 2 EL gehackter Petersilie würzen. Die Suppe mit den Maronen anrichten.

Zubereiten: 25 Minuten

Süßkartoffelsuppe mit Jakobsmuscheln

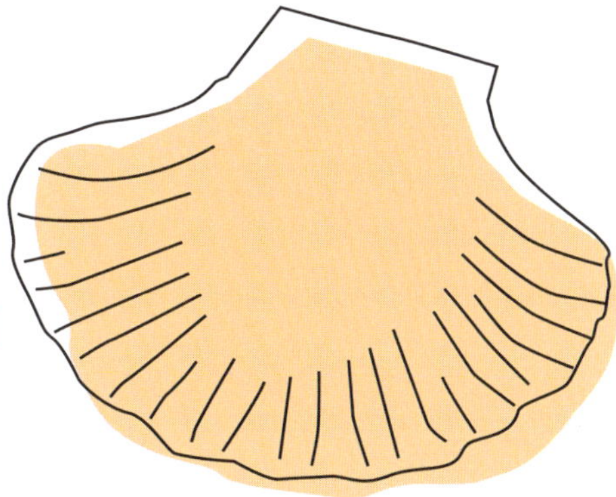

Für 4 Portionen

- 600 g große Süßkartoffeln
- 2 Schalotten
- 4 EL Olivenöl
- 150 ml trockener Weißwein (z. B. Grauburgunder)
- 650 ml Hühnerbrühe
- 1 EL Zitronensaft
- Salz
- frisch gemahlener Pfeffer
- 8 ausgelöste Jakobsmuscheln (Nüsschen)
- 4 Scheiben Serranoschinken oder anderen luftgetrockneten rohen Schinken
- 150 g Sahne
- Cayennepfeffer
- frisch geriebene Muskatnuss
- Außerdem: 4 Schaschlikspieße

Pro Portion:
535 kcal; 19 g Eiweiß; 40 g Kohlenhydrate; 33 g Fett; 6 g Ballaststoffe

1. Die Süßkartoffeln schälen und in etwa 1 cm große Würfel schneiden. Die Schalotten schälen und fein würfeln. 2 EL Olivenöl in einem Topf erhitzen und die Schalotten darin glasig dünsten.

2. Die Süßkartoffeln in den Topf geben und kurz mit den Schalotten dünsten. Den Wein und die Hühnerbrühe dazugießen. Alles aufkochen und zugedeckt 15 Minuten köcheln lassen, bis die Kartoffeln weich sind.

3. In der Zwischenzeit in einer Schale 1 EL Olivenöl, den Zitronensaft und etwas Salz und Pfeffer verrühren. Die Jakobsmuscheln quer halbieren und in der Zitronensaftmischung wenden.

4. Jede Schinkenscheibe quer in 5 Streifen schneiden. Muscheln und Schinkenstreifen abwechselnd auf die Schaschlikspieße stecken.

5. In einer beschichteten Pfanne 1 EL Olivenöl erhitzen und die Muschelspieße darin 5 Minuten braten; zwischendurch wenden.

6. Die Spieße bei ausgeschalteter Herdplatte oder schwächster Hitze 2 Minuten ziehen lassen. Die Sahne in den Topf zur Flüssigkeit gießen und alles mit dem Stabmixer pürieren.

7. Die Suppe mit Salz, Pfeffer, Cayennepfeffer und Muskat abschmecken. Auf vorgewärmte Suppenteller oder Suppentassen verteilen und die Muschel-Schinken-Spieße darauf anrichten.

Clever vorbereiten

Die Süßkartoffeln vorher garen. Muscheln und Schinken auf Spieße stecken; zugedeckt kühl stellen. Vor dem Servieren die Kartoffeln im Garsud erhitzen, die Suppe pürieren und die Sahne untermixen. Spieße braten.

Reste verwerten

Falls Suppe übrigbleibt, den Rest tiefkühlen. Daraus lässt sich rasch eine Sauce zu gebratenem Fisch oder zu Kalbsschnitzeln zubereiten: Einfach die aufgetaute Suppe in den Bratensatz rühren; aufkochen lassen. Nach Belieben gehackte Kräuter, z. B. Kerbel, untermischen.

Variante: Kartoffelsuppe mit Kabeljau

500 g geschälte mehligkochende Kartoffeln grob reiben. Die Raspel in 750 ml Gemüsebrühe geben; aufkochen und 12 Minuten garen. Mit Kräutersalz, Pfeffer und Muskat würzen. Suppe pürieren, dabei 150 g Sahne untermixen. 200 g Kabeljaufilet in acht Würfel schneiden. Salzen, pfeffern. Die Fischwürfel mit 50 g Frühstücksspeckstreifen in 1 EL heißem Öl 5 Minuten in einer beschichteten Pfanne braten, zwischendurch wenden. Fisch und Speck auf der Suppe anrichten.

Zubereiten: 20 Minuten

Möhrensuppe mit Apfelsaft

Für 4 Portionen

- 400 g Möhren
- 1 Zwiebel
- 1 EL Öl
- 1/2 TL getrockneter Thymian
- 750 ml Gemüsebrühe
- 250 ml Apfelsaft
- 2 EL Mehl
- 75 g Crème fraîche
- Salz
- frisch gemahlener Pfeffer
- 1 EL Apfelbalsamessig oder Apfelessig
- 2 EL Apfelchips

Pro Portion:
165 kcal; 3 g Eiweiß; 17 g Kohlenhydrate; 9 g Fett; 3 g Ballaststoffe

1. Die Möhren putzen, schälen und grob reiben. Die Zwiebel schälen und würfeln. Das Öl in einem Topf erhitzen und die Zwiebelwürfel darin glasig dünsten. Die Möhren dazugeben und kurz mitdünsten; die Zwiebel-Möhren-Mischung mit Thymian würzen.

2. Die Gemüsebrühe in den Topf gießen. Alles aufkochen lassen und zugedeckt etwa 10 Minuten bei schwacher Hitze köcheln lassen.

3. Inzwischen den Apfelsaft mit dem Mehl verquirlen. Die Mischung in die Suppe rühren. Die Suppe unter gelegentlichem Rühren 2 Minuten köcheln lassen, bis sie leicht gebunden ist.

4. Die Möhrensuppe mit dem Stabmixer fein pürieren, dabei die Crème fraîche untermixen. Die Möhrensuppe mit Salz, Pfeffer und Essig abschmecken. In Suppentellern oder Suppentassen anrichten und mit Apfelchips bestreuen.

Das schmeckt dazu

Kerniges Roggenbrot in nicht zu dicken Scheiben dünn bestrichen mit (vegetarischem) Zwiebel-Apfel-Schmalz.

So geht's noch schneller

Möhren weglassen. Stattdessen in Schritt 2 300 ml Möhrensaft mit der Gemüsebrühe zu den Zwiebelwürfeln gießen. Aufkochen lassen, dann die Suppe wie in Schritt 3 und 4 beschrieben fertigstellen.

Alternative

Statt fertige Apfelchips zu verwenden, können Sie einen ungeschälten Apfel in dünne Scheiben schneiden und diese in Butterschmalz knusprig frittieren; auf Küchenpapier abtropfen lassen.

Variante: Exotische Möhren-Kokos-Suppe

500 g geraspelte oder klein geschnittene Möhren in 1 EL heißem Öl dünsten. Mit einer gehackten Knoblauchzehe und 1/2 TL gemahlenem Ingwer würzen. 750 ml Hühnerbrühe dazugießen und etwa 10 Minuten zugedeckt köcheln lassen. Die Suppe pürieren, dabei 400 ml Kokosmilch untermixen; mit Salz, Pfeffer, etwa 2 TL scharfem Currypulver und 1 EL Zitronensaft abschmecken. Die Suppe mit 1 EL Schnittlauchröllchen bestreuen und sofort servieren.

Zubereiten: 20 Minuten

Lauchcremesuppe

Für 4 Portionen

- 500 g Lauch
- 1 l Gemüsebrühe
- 200 g Sahne
- 1 EL Mehl
- Kräutersalz
- frisch gemahlener Pfeffer
- 2 EL Zitronensaft
- 2 EL trockener Wermut (z. B. Noilly Prat, Martini)

Pro Portion:
185 kcal; 4 g Eiweiß; 7 g Kohlenhydrate; 16 g Fett; 2 g Ballaststoffe

1. Den Lauch putzen, waschen und in Streifen schneiden. Die Gemüsebrühe in einem Topf zum Kochen bringen.

2. Den Lauch in die kochende Brühe geben und zugedeckt 3–4 Minuten garen. In der Zwischenzeit die Sahne mit dem Mehl verrühren.

3. Mit einem Schaumlöffel 2 EL vom gegarten Lauch aus der Brühe heben; beiseitestellen. Die Sahnemischung in die Gemüsebrühe gießen und alles unter Rühren aufkochen lassen, um die Suppe etwas zu binden. Die Suppe mit dem Stabmixer fein pürieren.

4. Die Suppe mit Kräutersalz, Pfeffer, Zitronensaft und Wermut abschmecken; auf Teller oder Suppentassen verteilen.

5. Die Suppenportionen mit den beiseitegestellten Lauchstreifen garnieren und sofort servieren.

So geht's noch schneller

Statt des frischen Lauchs 200 g TK-Lauch (in Ringen) in die Brühe geben. Aufkochen lassen. Den Lauch in der Brühe pürieren (nicht binden) und die Suppe mit 200 g Kräuterfrischkäse verfeinern.

Variante: Lauchcremesuppe mit Sauerampfer

100 g Lauchringe 3–4 Minuten in kochendem Wasser garen; abgießen und kalt abschrecken. 125 g Sauerampfer verlesen, putzen und waschen. In einem Topf mit kochend heißem Wasser übergießen und zusammenfallen lassen. Abgießen, mit kaltem Wasser abschrecken und gut abtropfen lassen. 2 EL Butter in dem Topf zerlassen. 3 EL Mehl einrühren, 100 ml Milch und 100 g Sahne unter Rühren dazugießen. Mit 750 ml Gemüsebrühe aufgießen und aufkochen, dabei rühren. 5 Minuten köcheln lassen; gelegentlich rühren. Sauerampfer klein schneiden. Mit dem Lauch, 50 g Crème fraîche und 1 TL Zitronensaft zur Brühe geben. Die Suppe mit dem Stabmixer cremig aufmixen, mit Salz und Pfeffer abschmecken; servieren.

Zubereiten: 25 Minuten

Petersiliensuppe mit Ei

Für 4 Portionen

- 1 Zwiebel
- 150 g Petersilienwurzel
- 1 große mehligkochende Kartoffel (200 g)
- 2 EL Öl
- 800 ml Gemüsebrühe
- 2 Eier
- 1 Bund glatte Petersilie
- 100 g Schmand
- 1 EL Zitronensaft
- Kräutersalz
- frisch gemahlener Pfeffer
- frisch geriebene Muskatnuss

Pro Portion:
190 kcal; 7 g Eiweiß; 9 g Kohlenhydrate; 14 g Fett; 3 g Ballaststoffe

1. Die Zwiebel schälen und fein würfeln. Petersilienwurzel und Kartoffel schälen, beides fein reiben.

2. Das Öl in einem Topf erhitzen. Die Zwiebelwürfel und das geriebene Gemüse in den Topf geben und etwa 2 Minuten dünsten, dabei ab und zu umrühren.

3. Die Gemüsebrühe dazugießen. Alles aufkochen und 10 Minuten zugedeckt bei schwacher Hitze köcheln lassen.

4. Während die Suppe köchelt, die Eier in 8–10 Minuten hart kochen; abgießen und kalt abschrecken. Die Eier schälen und würfeln.

5. Die Petersilie waschen, die Blättchen abzupfen und fein hacken. 1 EL gehackte Petersilie beiseitestellen. Die restliche Petersilie mit dem Schmand und dem Zitronensaft zur Suppe geben.

6. Die Suppe mit dem Stabmixer pürieren. Mit Kräutersalz, Pfeffer und Muskatnuss abschmecken. Auf Suppenteller oder -tassen verteilen. Die Portionen mit den Eierwürfeln und der gehackten Petersilie bestreuen; sofort servieren.

Alternative

Wer keine Petersilienwurzel bekommt, kann die Suppe stattdessen genauso gut mit Knollensellerie zubereiten.

Kräutersalz

Mittlerweile gibt es eine große Auswahl an Kräutersalz zu kaufen. Wer mag, kann es sich aus 5 EL Meersalz, 1 EL getrocknetem Majoran, 1 EL getrocknetem Liebstöckel, 1 EL getrockneter Petersilie sowie 1/2 EL getrocknetem Bohnenkraut im Blitzhacker schnell selbst herstellen. In einem Schraubdeckelglas aufbewahren.

Variante: Grießsuppe mit Petersilie

In einem Topf 1 EL Butter schmelzen lassen. 4 gehäufte EL Weizen- oder Dinkelgrieß einrühren und kurz rösten. 900 ml Gemüsebrühe dazugießen und unter kräftigem Rühren zum Kochen bringen. Etwa 3 Minuten köcheln lassen, dabei gelegentlich rühren. 100 g Sahne und 4 EL gehackte Petersilie unterrühren. Die Suppe mit Salz, Pfeffer und geriebener Muskatnuss abschmecken.

Zubereiten: 30 Minuten

Klassiker: Kürbiscremesuppe

Für 4 Portionen

- etwa 800 g Kürbis (z. B. Muskatkürbis)
- 1 Zucchini
- 1 Zwiebel
- 1 Knoblauchzehe
- 2 EL Öl
- 1/2 TL Zucker
- 1 l Hühnerbrühe
- 2 EL Kürbiskerne
- 200 g Sahne
- Salz
- frisch gemahlener Pfeffer
- 1 Messerspitze Cayennepfeffer
- 2 EL Apfelessig
- 2 EL Kürbiskernöl

Pro Portion:
455 kcal; 21 g Eiweiß; 12 g Kohlenhydrate; 36 g Fett; 3 g Ballaststoffe

1. Den Kürbis schälen und die Kerne herausnehmen; es sollten etwa 500 g Fruchtfleisch übrig bleiben. Die Zucchini waschen und die Enden abschneiden. Kürbisfruchtfleisch und Zucchini in etwa 1 cm große Würfel schneiden. Die Zwiebel schälen und würfeln. Den Knoblauch schälen und fein hacken.

2. Das Öl in einem großen Topf erhitzen. Zwiebel und Knoblauch darin glasig dünsten. Den Zucker darüberstreuen. Kürbis und Zucchini kurz mitdünsten, dabei umrühren. Die Hühnerbrühe dazugießen. Alles aufkochen, dann zugedeckt 15 Minuten köcheln lassen, bis das Gemüse weich ist.

3. In der Zwischenzeit die Kürbiskerne in einer Pfanne ohne Fett rösten (möglichst keine beschichtete, sondern am besten eine aus Edelstahl nehmen).

4. Die Suppe mit dem Stabmixer pürieren, dann die Sahne unterrühren oder -mixen. Mit Salz, Pfeffer, Cayennepfeffer und Apfelessig pikant abschmecken.

5. Die Suppe auf tiefe Teller oder Suppentassen verteilen. Jede Portion mit Kürbiskernöl beträufeln und mit Kürbiskernen bestreuen.

So geht's noch schneller

Wer eine Küchenmaschine besitzt, kann Kürbisfruchtfleisch und Zucchini mit der entsprechenden Raspelscheibe grob raspeln. Das geht schneller, als Würfel mit dem Messer zu schneiden, und die Garzeit beträgt statt 15 Minuten nur noch 10 Minuten.

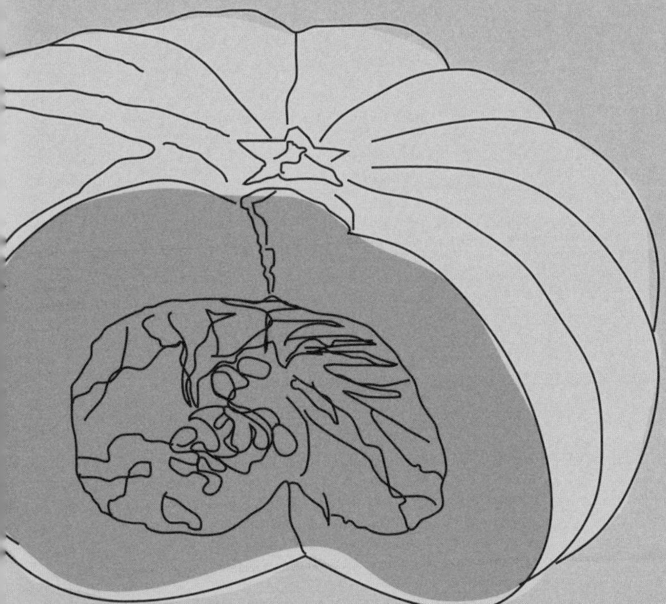

Eine runde Sache für Suppengenießer

Der Kürbis zählt zu den ältesten Kulturpflanzen und stammt ursprünglich aus Mexiko. In der schnellen Küche hat das runde Gemüse seinen Platz, denn klein geschnitten gart es in wenigen Minuten. Für Suppen und Eintöpfe eignet sich jede Kürbisart. Der Muskatkürbis besticht durch sein aromatisches und leuchtend orangefarbenes Fruchtfleisch. Er wird auch in Teilstücken verkauft. Der birnenförmige Butternusskürbis hat eine praktische Portionsgröße und zeichnet sich durch sein feines zartes Fruchtfleisch aus. Wer Hokkaidokürbisse verwendet, spart Zeit, denn diese müssen nicht geschält werden – gründliches Waschen und das Entfernen der unschönen Stellen reicht aus. Allerdings sind Hokkaidokürbisse etwas härter und lassen sich deshalb schwieriger zerkleinern als andere Sorten.

Zubereiten: 15 Minuten

Grüne Erbsensuppe mit Minze

Für 4 Portionen

- 1 Zwiebel
- 3 EL Olivenöl
- 800 ml Gemüsebrühe
- 400 g TK-Erbsen
- 2 Minzezweige
- 100 g Ziegenfrischkäse
- 100 g Schmand
- Salz
- frisch gemahlener Pfeffer
- 1 EL Zitronensaft

Pro Portion:
255 kcal; 10 g Eiweiß; 12 g Kohlenhydrate; 19 g Fett; 4 g Ballaststoffe

1. Die Zwiebel schälen und fein würfeln. 1 EL Olivenöl in einem Topf erhitzen und die Zwiebelwürfel darin glasig dünsten. Die Brühe dazugießen und aufkochen lassen. Die gefrorenen Erbsen in die Brühe geben; nochmals aufkochen lassen und die Erbsen 3 Minuten garen.

2. In der Zwischenzeit die Minze waschen. Die Hälfte der Blättchen fein hacken, die restlichen grob zerkleinern. Den Ziegenkäse mit einer Gabel zerdrücken; mit den fein gehackten Minzeblättchen und 1 EL Olivenöl verrühren.

3. Die Suppe mit dem Stabmixer fein pürieren, dabei die grob zerkleinerten Minzeblättchen und den Schmand untermixen. Die Suppe mit Salz, Pfeffer und Zitronensaft abschmecken. In vorgewärmten Suppentellern oder -tassen anrichten. Die Ziegenkäsecreme mithilfe von zwei Teelöffeln auf die Suppe geben und mit dem restlichen Olivenöl (1 EL) beträufeln.

So geht's noch schneller

Statt der selbst gerührten Minze-Ziegenkäse-Creme können Sie auch Scheiben von einer Kräuter-Ziegenkäserolle oder etwas fertigen Kräuterfrischkäse auf die Suppe geben.

Minzearoma für den Vorrat

Praktisch und schnell erhält die Erbsensuppe mit Minzeöl Geschmack. Dafür 10 gewaschene, sorgfältig getrocknete Minzeblätter mit 150 ml Rapsöl in eine heiß ausgespülte und gut abgetropfte Flasche geben; die Flasche verschließen und das Öl eine Woche ziehen lassen. Passt auch gut zu Eintöpfen mit Lamm.

Variante: Gelbe Erbsensuppe mit Speck

Im Schnellkochtopf 1 l Gemüsebrühe mit 125 g getrockneten gelben Schälerbsen, 1 Lorbeerblatt und 1/2 TL getrocknetem Liebstöckel erhitzen; 10 Minuten köcheln lassen. Inzwischen 125 g gewürfelten Räucherspeck in 1 EL heißem Öl ausbraten. Sobald der Topf drucklos ist, diesen öffnen und die Suppe mit dem Stabmixer pürieren. 100 g Sahne unterrühren. Die Suppe mit Salz, Pfeffer, geriebener Muskatnuss und 1 EL Apfelessig abschmecken. Mit den ausgebratenen Speckwürfeln bestreuen und servieren.

Zubereiten: 30 Minuten

Samtige Reissuppe mit Rucola

Für 4 Portionen

1 Schalotte
3 EL Olivenöl
75 g Risotto- oder Milchreis
1 l Hühnerbrühe
1 Lorbeerblatt
1 Gewürznelke
50 g Rucola
2 EL körniger oder mittelscharfer Senf
1 EL weißer Balsamico-Essig
Salz
frisch gemahlener Pfeffer

Pro Portion:
345 kcal; 17 g Eiweiß; 19 g Kohlenhydrate; 23 g Fett; 2 g Ballaststoffe

1. Die Schalotte schälen und würfeln. 1 EL Olivenöl in einem Topf erhitzen und die Schalottenwürfel darin glasig dünsten. Den Reis dazugeben und unter Rühren kurz mitdünsten.

2. Die Hühnerbrühe zum Reis gießen, das Lorbeerblatt und die Gewürznelke hinzufügen. Die Brühe zum Kochen bringen und den Reis zugedeckt 20 Minuten garen.

3. In der Zwischenzeit den Rucola verlesen und waschen, die harten Stiele entfernen. Ein paar Blätter zum Garnieren beiseitelegen, die übrigen in feine Streifen schneiden.

4. Lorbeerblatt und Nelke aus der Brühe nehmen. Die Rucolastreifen, den Senf und den Balsamico-Essig in die Brühe geben. Alles mit Salz und Pfeffer abschmecken. Den Topfinhalt mit dem Stabmixer fein pürieren.

5. Die Reissuppe auf vorgewärmte Suppentassen oder -teller verteilen, mit den beiseitegelegten Rucolablättern bestreuen und mit dem restlichen Olivenöl (2 EL) beträufeln.

Reste verwerten

Für diese Suppe können Sie übrig gebliebenen gegarten Reis vom Vortag nehmen – so verbrauchen Sie nicht nur eventuelle Kühlschrankreste, sondern sparen auch noch Zeit bei der Zubereitung: Der gegarte Reis braucht nämlich nur 5 Minuten (anstelle von 20) in der Brühe zu köcheln.

Alternative

Geben Sie Gartenkresse statt Rucola in die Suppe. Sie benötigen etwa zwei Kästchen Kresse; 1 EL Kresse sollten Sie zum Bestreuen der Suppe aufbewahren.

Variante: Fenchelsuppe mit Basmatireis

Eine fein zerkleinerte Fenchelknolle mit zwei zerkleinerten Frühlingszwiebeln in 1 EL heißem Öl glasig dünsten. 1/2 Tasse (etwa 75 g) gegarten Basmatireis oder 25 g Basmati-Schnellkochreis (10 Minuten Garzeit) und 900 ml Gemüsebrühe dazugeben. Alles aufkochen und zugedeckt 10 Minuten köcheln lassen. Anschließend 125 ml Orangensaft, die abgeriebene Schale von 1/2 unbehandelten Orange und 2 EL Sahne hinzufügen. Die Fenchelsuppe mit Salz, Pfeffer und Muskat abschmecken; mit dem Stabmixer aufschlagen und servieren.

Zubereiten: 25 Minuten

Gurkensüppchen mit Lachstatar

Für 4 Portionen

1 1/2 unbehandelte Salatgurken (600 g)
1 Zwiebel
2 EL Öl
800 ml Gemüsebrühe
150 g saure Sahne
2 EL Mehl
6 Dillzweige
100 g Räucherlachs
1 TL Zitronensaft
Salz
frisch gemahlener Pfeffer
1 EL mittelscharfer Senf
1 EL Apfelessig

Pro Portion:
125 kcal; 8 g Eiweiß; 9 g Kohlenhydrate; 6 g Fett; 1,5 g Ballaststoffe

1. Die Gurken waschen und die Enden abschneiden. Gurken längs halbieren, die Kerne mit einem Löffel herauslösen und die Fruchthälften klein würfeln. Die Zwiebel schälen und fein würfeln.

2. Das Öl in einem Topf erhitzen. Zwiebel- und Gurkenwürfel darin 1 Minute dünsten. Die Gemüsebrühe dazugießen und alles aufkochen, dann zugedeckt 10 Minuten bei schwacher bis mittlerer Hitze köcheln lassen.

3. In der Zwischenzeit die saure Sahne und das Mehl verrühren. Dill waschen und die Spitzen abzupfen. Den Lachs fein würfeln, mit dem Zitronensaft und 1 TL Dillspitzen mischen.

4. Die Mehl-Sahne unter die Brühe mit den Gurkenwürfeln mischen und das Ganze unter Rühren einmal aufkochen lassen. Anschließend mit dem Stabmixer fein pürieren.

5. Die Gurkensuppe mit Salz, Pfeffer, Senf und Apfelessig abschmecken; den restlichen Dill unterrühren. Auf Suppenteller oder -tassen verteilen und das Lachstatar auf den Suppenportionen anrichten; sofort servieren.

So geht's noch schneller

Räucherlachs in Streifen schneiden und mit Dill und Zitronensaft in die Suppe rühren. Ebenso sparen Sie Zeit, wenn Sie TK-Dill oder getrocknete Dillspitzen verwenden.

Alternative

Statt des Dills einfach in feine Streifen geschnittene Borretschblättchen zum Schluss unter die Suppe rühren. Die Suppe nach Belieben mit blauen Borretschblüten garnieren.

Reste verwerten

Falls von der Suppe etwas übrig bleibt, können Sie diesen Rest kalt und nach Belieben mit Knoblauch-Joghurt servieren.

Variante: Zucchinicremesuppe

900 ml Gemüsebrühe mit einer gewürfelten Schalotte und 750 g geraspelten Zucchini aufkochen. Alles 5 Minuten köcheln lassen, bis die Zucchiniraspel weich sind. Die Suppe mit dem Stabmixer pürieren, dabei 100 g Sahne untermixen. Mit Kräutersalz, schwarzem Pfeffer, 1 EL Zitronensaft und 2 EL trockenem Wermut (z. B. Martini oder Noilly prat) abschmecken. Die Suppe auf Teller oder Suppentassen verteilen; nach Belieben mit in Streifen geschnittenen Borretsch- oder Sauerampferblättern bestreuen.

Zubereiten: 10 Minuten

Räucherforellensuppe

Für 4 Portionen

- 800 ml Fischfond oder Gemüsebrühe
- 200 g Räucherforellenfilets
- 200 g Schmand, mehr zum Garnieren
- 2 Dillzweige
- 1 Bund Schnittlauch
- Salz
- frisch gemahlener weißer Pfeffer
- 1 EL Zitronensaft
- 4 TL Forellenkaviar

Pro Portion:
215 kcal; 17 g Eiweiß; 3 g Kohlenhydrate; 15 g Fett; 0,3 g Ballaststoffe

1. In einem Topf den Fischfond oder die Gemüsebrühe zum Kochen bringen. Inzwischen die Räucherforellenfilets grob zerkleinern und mit 150 g Schmand in einem hohen Rührbecher pürieren.

2. Den Dill und den Schnittlauch waschen. Vom Dill die Spitzen abzupfen und den Schnittlauch mit einer Schere in Röllchen schneiden.

3. Den Räucherforellen-Schmand zur Brühe in den Topf geben und erhitzen, dabei mit einem Schneebesen rühren. Die Suppe mit Salz, Pfeffer und Zitronensaft abschmecken; den Schnittlauch untermischen.

4. Die Räucherforellensuppe in vorgewärmten Suppentellern oder -schalen anrichten. Auf jede Portion etwas Schmand setzen, darauf Forellenkaviar geben und mit Dillspitzen garnieren.

Das schmeckt dazu

Zu dieser Suppe passt sehr gut frisch geröstetes Toastbrot mit Butter oder fertig gekauftes Blätterteiggebäck.

Alternative

Statt mit Schmand können Sie die Suppe mit Meerrettich-Frischkäse zubereiten. Dadurch erhält die Suppe nicht nur eine cremige Bindung, sondern auch noch einen feinen Meerrettichgeschmack.

Variante: Makrelensuppe

Eine gewürfelte Zwiebel in 1 EL Butter glasig dünsten. 800 ml Fischfond dazugießen und aufkochen lassen. Inzwischen 200 g grob zerkleinertes Räuchermakrelenfilet mit 200 g Schmand mit dem Stabmixer pürieren. Den Makrelen-Schmand unter den heißen Fischfond rühren und heiß werden lassen. 2 EL trockenen Weißwein untermischen. Die Suppe mit Salz und Pfeffer abschmecken, mit 2 EL gehacktem Dill bestreuen und sofort servieren.

Zubereiten: 20 Minuten

Käsesuppe mit karamellisierten Zwiebeln

Für 4 Portionen

1 rote Zwiebel
3 EL Olivenöl
1/2 TL Rohrohrzucker
1 1/2 EL Butter
2 EL Mehl
350 ml Milch
500 ml Gemüsebrühe
100 g geriebener Käse (z. B. Parmesan, Gruyère, Emmentaler)
50 ml trockener Weißwein (z. B. Riesling)
75 g Kräuterfrischkäse (Doppelrahmstufe)
Salz
frisch gemahlener Pfeffer
frisch geriebene Muskatnuss
1/2 Bund Schnittlauch
4 TL Feigensenf (Glas)

Pro Portion:
340 kcal; 13 g Eiweiß; 9 g Kohlenhydrate; 23 g Fett; 0,5 g Ballaststoffe

1. Die Zwiebel schälen, halbieren und in feine Streifen schneiden. Das Öl in einer Pfanne erhitzen und die Zwiebelstreifen darin in 10 Minuten knusprig braten. Mit dem Zucker bestreuen und unter Wenden karamellisieren lassen.

2. In der Zwischenzeit die Butter in einem Topf schmelzen lassen und das Mehl darin anschwitzen. Den Topf vom Herd nehmen. Die kalte Milch mit einem Schneebesen darunterschlagen, bis die Mischung glatt ist.

3. Den Topf wieder auf den Herd setzen und den Inhalt unter Rühren erhitzen. Nach und nach die Gemüsebrühe unterrühren. Die Suppe bei schwacher Hitze 5 Minuten köcheln lassen, dabei ab und zu umrühren.

4. Den Schnittlauch waschen und in Röllchen schneiden. Den geriebenen Käse und den Weißwein in die Suppe geben und unterrühren. Den Kräuterfrischkäse darunterziehen.

5. Die Käsesuppe mit Salz, Pfeffer und Muskat abschmecken. Die Suppe auf vorgewärmte Suppenteller oder -schalen verteilen. Mit Feigensenf und den karamellisierten Zwiebeln garnieren. Mit Schnittlauch bestreuen und servieren.

Feigensenf

Er harmoniert sehr gut mit Käse. Feigensenf im Glas wird meist in gut sortierten Käsetheken, aber auch im Feinkostregal angeboten. Ersatzweise können Sie 3 TL Feigenkonfitüre mit 1 TL mittelscharfem Senf verrühren.

So geht's noch schneller

Wem das Schälen und Anbraten der Zwiebel zu lange dauert, der kann fertige Röstzwiebeln aus der Packung nehmen. Diese kurz vor dem Servieren einfach über die Käsesuppe streuen. Fertige Croûtons mit Zwiebelgeschmack passen ebenfalls gut zur Käsesuppe.

Variante: Käsesuppe mit Rosenkohl

800 ml Gemüsebrühe zum Kochen bringen. 300 g TK-Rosenkohl (nicht aufgetaut) hineingeben. Die Brühe erneut aufkochen, dann zugedeckt 10 Minuten köcheln lassen, bis der Rosenkohl gar ist. 4 Röschen aus der Brühe nehmen und vierteln. Den Topfinhalt mit dem Stabmixer pürieren, dabei 150 g Kräuterfrischkäse und 50 g geriebenen Parmesan untermixen. Die Suppe mit Salz, Pfeffer und 1 EL Zitronensaft abschmecken; auf Teller verteilen und mit den geviertelten Röschen garnieren.

Zubereiten: 30 Minuten

Grüne Spargelcremesuppe

Für 4 Portionen

- 500 g grüner Spargel
- 800 ml Gemüsebrühe
- 4 Radieschen
- 2 Frühlingszwiebeln
- 1 TL mittelscharfer Senf
- Salz
- frisch gemahlener Pfeffer
- 1 EL Weißweinessig
- 2 EL Walnussöl
- 100 g saure Sahne
- 2 EL Mehl
- 75 ml trockener Weißwein

Pro Portion:
155 kcal; 5 g Eiweiß; 10 g Kohlenhydrate; 9 g Fett; 3 g Ballaststoffe

1. Den Spargel waschen. Die Stangen nur im unteren Drittel schälen und die Enden abschneiden. Den Spargel in 1 cm lange Stücke schneiden, dabei die Spargelspitzen beiseitelegen.

2. Die Gemüsebrühe in einem Topf aufkochen. Die Spargelstückchen (ohne Spitzen) hineingeben und zugedeckt 5 Minuten garen.

3. In der Zwischenzeit die Radieschen waschen, putzen und fein würfeln. Die Frühlingszwiebeln putzen, waschen und fein zerkleinern. Senf, Salz, Pfeffer, Weinessig und Walnussöl zu einer Vinaigrette verrühren.

4. Die saure Sahne mit dem Mehl verquirlen. Die gekochten Spargelstückchen in der Brühe mit dem Stabmixer pürieren, dabei die Mehl-Sahne untermixen.

5. Die Spargelspitzen und den Wein in die Suppe geben. Die Spargelsuppe unter Rühren einmal aufkochen lassen.

6. Vor dem Servieren die Radieschen und die Frühlingszwiebeln in die Vinaigrette rühren. Die Suppe auf vorgewärmte Suppenteller verteilen und die Radieschen-Vinaigrette darauflöffeln.

So geht's noch schneller

Eine Spargelcremesuppe aus der Tüte nach Packungsangabe zubereiten, dabei jedoch 100 ml weniger Wasser nehmen und die Suppe stattdessen mit 50 ml Weißwein und 50 g Sahne verfeinern. Noch besser: Wer zufällig Spargelgarsud vom Vortag im Kühlschrank aufbewahrt hat, kann die Fertigsuppe statt mit Wasser damit anrühren. (Der Spargelsud darf nicht zu sehr gesalzen sein.) Falls vorhanden, noch Spargelstückchen unter die Suppe mischen.

Alternative

Statt der scharfen Radieschen-Vinaigrette können Sie eine milde Tomaten-Vinaigrette zubereiten. Dafür einfach eine gewürfelte Strauchtomate anstelle von Radieschen und Frühlingszwiebeln in die Vinaigrette rühren.

Variante: Weiße Spargelcremesuppe

500 g weiße Spargelstangen schälen und in 1 cm lange Stücke schneiden. In 800 ml kochender Gemüsebrühe 10 Minuten garen. 75 g Crème fraîche und 2 EL Mehl verquirlen. Die Spargelstückchen in der Brühe pürieren, dabei die Crème-fraîche-Mischung untermixen. Die Suppe einmal unter Rühren aufkochen lassen. Mit Salz, Pfeffer und 1 EL Zitronensaft abschmecken. Vor dem Servieren mit 2 EL Schnittlauchröllchen oder fein zerkleinerter Frühlingszwiebel bestreuen.

Zubereiten: 25 Minuten

Kartoffelsuppe mit Schnittlauch-Schmand

Für 4 Portionen
1 Zwiebel
1 Knoblauchzehe
500 g mehligkochende Kartoffeln
1 EL Öl
100 g gewürfelter Räucherspeck
1 TL getrockneter Majoran
1/2 TL getrocknetes Liebstöckel
1 Lorbeerblatt
1 l Gemüsebrühe
1 Bund Schnittlauch
150 g Schmand
Salz
frisch gemahlener Pfeffer
frisch geriebene Muskatnuss

Pro Portion:
280 kcal; 9 g Eiweiß; 21 g Kohlenhydrate; 18 g Fett; 3,5 g Ballaststoffe

1. Die Zwiebel schälen und würfeln. Den Knoblauch schälen und fein hacken. Die Kartoffeln schälen und in der Küchenmaschine oder auf einer Reibe raspeln.

2. Das Öl in einem Topf erhitzen und den Speck darin 1 Minute braten. Die Zwiebelwürfel und den Knoblauch hinzufügen und glasig braten, die Kartoffeln untermischen und kurz mitbraten.

3. Die Mischung mit Majoran, Liebstöckel und dem Lorbeerblatt würzen. Die Gemüsebrühe dazugießen und aufkochen lassen; etwa 12 Minuten köcheln, bis die Kartoffelraspel weich sind.

4. In der Zwischenzeit den Schnittlauch waschen, in Röllchen schneiden und mit 50 g Schmand verrühren. Das Lorbeerblatt aus der Suppe nehmen.

5. Die Suppe pürieren, dabei den restlichen Schmand untermixen. Mit Salz, Pfeffer und Muskatnuss abschmecken. Die Suppe auf Teller verteilen und mit dem Schnittlauch-Schmand garnieren.

Reste verwerten

Für diese Suppe können Sie übrige gegarte Kartoffeln verwenden, das spart außerdem noch Zeit. Die Kartoffeln klein schneiden, in die kochende Brühe geben (Schritt 3) und nur kurz erhitzen. Die Suppe wie in Schritt 5 beschrieben fertigstellen.

Das schmeckt dazu

Wer mag, kann in die Kartoffelsuppe noch 4 Paar Wiener Würstchen (im Ganzen oder in Scheiben geschnitten) geben. Reicht man noch mit Butter bestrichenes Bauernbrot zur Kartoffelsuppe, entsteht daraus ein deftiges Hauptgericht.

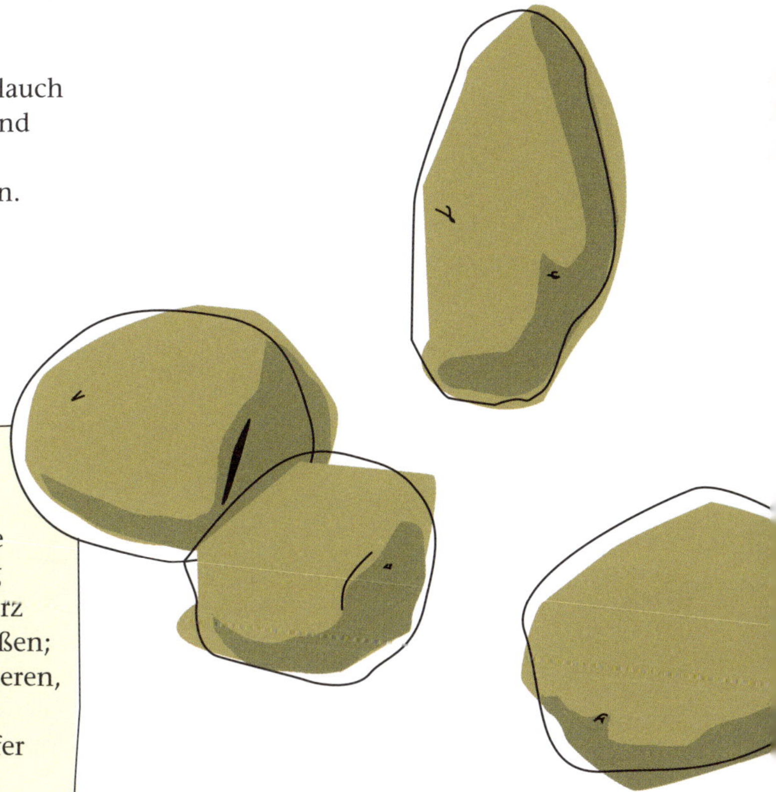

Variante: Kartoffelsuppe mit Meerrettich

In einem Topf 1 EL Öl heiß werden lassen. Darin eine gewürfelte Zwiebel und eine gehackte Knoblauchzehe glasig dünsten. 500 g klein gewürfelte mehligkochende Kartoffeln hinzufügen und kurz mitdünsten. 800 ml Gemüsebrühe und 200 ml Apfelsaft dazugießen; aufkochen und alles 20 Minuten köcheln lassen. Die Suppe pürieren, dabei 2 TL geriebenen Meerrettich (oder nach Geschmack) und 50 g Crème fraîche untermixen. Die Suppe mit Kräutersalz, Pfeffer und 1 EL Apfelessig abschmecken.

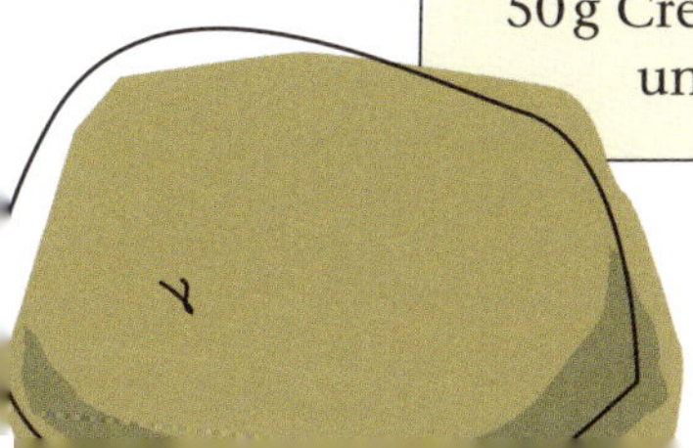

Zubereiten: 15 Minuten

Spinatsuppe mit Schafskäse

Für 4 Portionen

- 300 g TK-Blattspinat
- 2 Schalotten
- 2 Knoblauchzehen
- 2 EL Olivenöl
- 1 EL Mehl
- 800 ml Hühnerbrühe
- 100 g Schafskäse (Feta)
- 100 g Crème fraîche
- 1 EL Zitronensaft
- Salz
- frisch gemahlener Pfeffer
- frisch geriebene Muskatnuss
- einige rosa Pfefferkörner

Pro Portion:
360 kcal; 19 g Eiweiß; 5 g Kohlenhydrate; 30 g Fett; 3 g Ballaststoffe

1. In einem Topf 200 ml Wasser zum Kochen bringen. Den gefrorenen Spinat dazugeben und zugedeckt in etwa 15 Minuten bei schwacher Hitze auftauen und garen lassen, dabei ab und zu umrühren.

2. Inzwischen die Schalotten schälen und fein würfeln. Die Knoblauchzehen schälen und fein hacken.

3. Das Olivenöl in einem zweiten Topf erhitzen. Schalottenwürfel und Knoblauch darin glasig dünsten. Das Mehl darüberstreuen und kurz anschwitzen.

4. Die Hühnerbrühe unter kräftigem Rühren dazugießen und aufkochen lassen, dabei gelegentlich umrühren. 5 Minuten köcheln lassen. In der Zwischenzeit den Schafskäse raspeln oder in kleine Würfel schneiden.

5. Den Spinat mitsamt der Garflüssigkeit in den Topf zur Brühe geben. Das Ganze mit dem Stabmixer pürieren. Crème fraîche und Zitronensaft hinzufügen und die Suppe cremig aufschlagen.

6. Die Spinatsuppe mit Salz, Pfeffer und frisch geriebener Muskatnuss würzen. Auf vorgewärmte Suppenteller verteilen. Mit dem zerkleinerten Schafskäse und rosa Pfefferkörnern bestreuen; servieren.

Alternative

Statt mit Schafskäse können Sie die Spinatsuppe mit Gorgonzolawürfeln bestreuen.

Schafskäse raspeln

Nehmen Sie den Schafskäse aus dem Kühlschrank und raspeln Sie ihn sofort. Gut gekühlt ist er fester und lässt sich leicht auf der Raspel zerkleinern. Man kann ihn auch fein würfeln oder mit einer Gabel zerdrücken.

Das schmeckt dazu

Fladenbrot, mit Sesamsamen bestreut, das in türkischen Lebensmittelgeschäften und gelegentlich in Supermärkten angeboten wird, sollten Sie zu dieser Suppe anbieten. Das Brot vor dem Servieren im Backofen kurz aufbacken, damit es schön knusprig wird.

Variante: Brunnenkressesuppe

100 g Brunnenkresseblättchen waschen, von den Stielen befreien und in Streifen schneiden. In einem Topf zwei gewürfelte Schalotten in 2 EL heißem Öl glasig dünsten. Die Brunnenkresse 1 Minute mitdünsten. 800 ml Gemüsebrühe dazugießen, zum Kochen bringen und 2 Minuten köcheln lassen. 150 g Crème fraîche untermischen und die Suppe mit dem Stabmixer pürieren. Mit Salz, Pfeffer und 1 EL Zitronensaft abschmecken.

4 x süße Suppen

Zubereiten: 10 Min. | Kühlen: 2 Std.

Beschwipstes Sauerkirschsüppchen

Für 4 Portionen

250 ml Rotwein und **400 ml Kirschsaft oder schwarzen Johannisbeersaft** in einen Topf gießen; aufkochen lassen. **2 gehäufte TL Speisestärke** mit **50 ml Kirsch- oder Johannisbeersaft** glatt rühren und zur Weinmischung gießen. Unter Rühren einmal aufkochen lassen. Sofort **500 g TK-Sauerkirschen** (gefroren) in die Suppe geben. Mit **2 Messerspitzen gemahlener Nelke** und **2 Messerspitzen gemahlenem Zimt** sowie **1 Päckchen Vanillezucker** abschmecken. Die Suppe nach Belieben noch mit **2 EL Kirschwasser** aromatisieren. Anschließend zudecken und 2 Stunden kühl stellen. Die Suppe in Tassen oder Schalen füllen, auf jede Portion **1 Kugel Vanilleeis** setzen; sofort servieren.

Pro Portion:
230 kcal; 3 g Eiweiß; 36 g Kohlenhydrate; 3 g Fett; 1,5 g Ballaststoffe

Zubereiten: 15 Min.

Mandelsuppe mit Orangenfilets

Für 4 Portionen

4 Orangen dick schälen, dabei die weiße Haut vollständig entfernen. Die Fruchtfilets zwischen den Trennhäuten herausschneiden, dabei den Saft auffangen. **500 ml Milch, 2 EL Quark (20 % Fett i. Tr.), 2 EL Mandelmus, 4 TL Honig, 2 EL Orangenblütenwasser** und den aufgefangenen Orangensaft in einen hohen Mixbecher geben. Alles mit dem Stabmixer schaumig aufschlagen. Mit **¼ TL gemahlenem Kardamom** abschmecken. Die Suppe auf vier Schalen oder Suppenteller verteilen und mit den Orangenfilets garnieren. Mit **1 TL gehackten Pistazien** bestreuen.

Pro Portion:
215 kcal; 7 g Eiweiß; 22 g Kohlenhydrate; 10 g Fett; 4 g Ballaststoffe

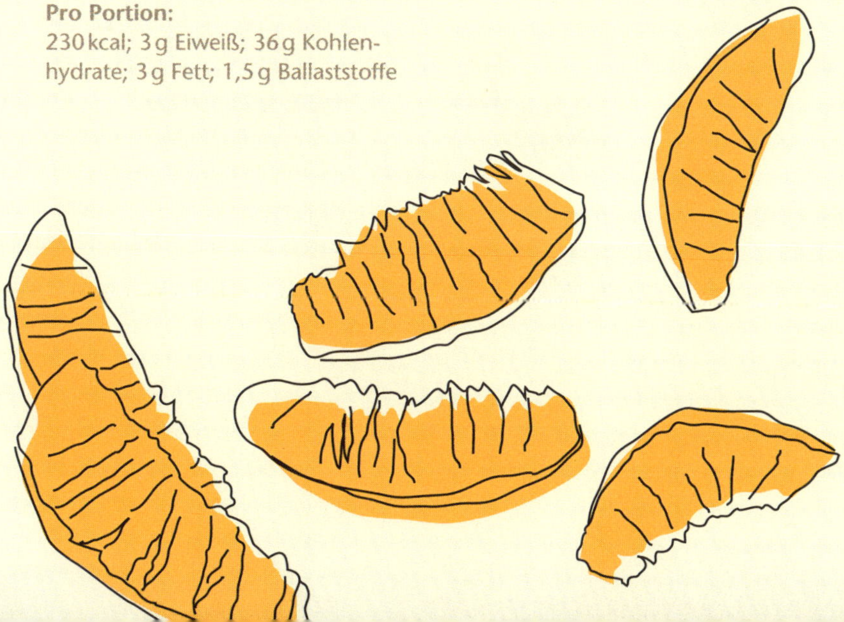

Nicht nur zum Nachtisch

Süße Suppen werden in der Regel als Nachtisch serviert. Da sie durchaus gehaltvoll sind, sollte das Hauptgericht vorher nicht zu üppig ausfallen. Allerdings bieten sich kalte süße Suppen, wie das Beschwipste Sauerkirschsüppchen und die Mandelsuppe mit Orangenfilets, auch als erfrischende leichte Hauptmahlzeit im Sommer an. Warme süße Suppen sind dagegen an kühlen Tagen willkommene leichte Mahlzeiten.

Zubereiten: 15 Min.

Warme Biersuppe

Für 4 Portionen

500 ml dunkles Bier und **300 ml Milch** in einem Topf aufkochen lassen. **2–3 EL Speisestärke, 3 EL Zucker** und **150 g Sahne** glatt verrühren. Die Sahnemischung zur Biermischung gießen und unter Rühren einmal aufkochen lassen. Mit **½ TL gemahlenem Zimt** würzen. **1 Eigelb** mit **50 g Sahne** verrühren. Die Mischung in den Topf geben und dabei kräftig rühren. Wichtig: Die Suppe darf nicht mehr kochen. **1 Eiweiß** zu steifem Schnee schlagen, dabei **1 Prise Salz** unterrühren. Vom Eischnee mithilfe von zwei Teelöffeln Nocken abstechen, diese auf die Suppe setzen und zugedeckt bei schwacher Hitze in etwa 5 Minuten gar ziehen lassen. Die Suppe mit **Zimtzucker** bestreuen; servieren.

Pro Portion:
260 kcal; 4 g Eiweiß; 17 g Kohlenhydrate; 17 g Fett; 0,5 g Ballaststoffe

Zubereiten: 15 Min.

Milchsuppe mit Nussstreuseln

Für 4 Portionen

In eine Schüssel **50 g Mehl, 50 g gemahlene Haselnüsse**, die abgeriebene **Schale von ¼ unbehandelten Zitrone, 1 Prise Salz** und **1 Ei** geben. Die Zutaten mit den Händen zu einem festen, leicht krümeligen Teig verarbeiten. **1 l Milch** in einem Topf zum Kochen bringen. **4 EL Zucker, ½ TL gemahlenen Zimt** und **1 Päckchen Vanillezucker** unterrühren. Den Teig mit den Fingern zu unregelmäßigen Streuseln verarbeiten. Die Nussstreusel in die Milch geben und in 5 Minuten zugedeckt bei schwacher Hitze gar ziehen lassen. Die Milchsuppe in Tellern anrichten. Dazu schmeckt Kompott.

Pro Portion:
355 kcal; 13 g Eiweiß; 35 g Kohlenhydrate; 18 g Fett; 1,5 g Ballaststoffe

Zubereiten: 15 Minuten

Pikante Weinsuppe mit Zimt-Croûtons

Für 4 Portionen

2 Scheiben Toastbrot
750 ml Hühnerbrühe
250 ml trockener, kräftiger Weißwein (z. B. Gewürztraminer, Grauer Burgunder)
1 EL Butter
125 g Sahne
2 EL Speisestärke
1/4 TL gemahlener Zimt
Salz
frisch gemahlener weißer Pfeffer
frisch geriebene Muskatnuss
2 Eigelb

Pro Portion:
345 kcal; 15 g Eiweiß; 12 g Kohlenhydrate; 27 g Fett; 1,5 g Ballaststoffe

1. Vom Toastbrot die Rinde abschneiden und das Brot in Würfel schneiden. Die Hühnerbrühe und den Wein in einem Topf erhitzen und offen bei starker Hitze 5 Minuten kochen lassen.

2. Währenddessen die Butter in einer Pfanne zerlassen und die Brotwürfel darin unter gelegentlichem Wenden knusprig braten.

3. Die Sahne und die Speisestärke in einer Tasse verquirlen, die Mischung in die Suppe rühren und das Ganze unter Rühren 1 Minute kochen lassen.

4. Die Toastbrotwürfel mit Zimt würzen. Die Suppe mit Salz, Pfeffer und Muskat abschmecken. Die Hitze herunterschalten und die Eigelbe mit einem Schneebesen in die Suppe einrühren. (Die Suppe auf keinen Fall mehr aufkochen.)

5. Die Suppe mit einem Schneebesen schaumig aufschlagen und auf vorgewärmte Suppenteller oder -schalen verteilen. Mit den Zimt-Croûtons bestreuen und sofort servieren.

Das schmeckt dazu

Als Begleiter zu der Suppe bietet sich der Wein an, den Sie auch für die Zubereitung verwendet haben.

Reste verwerten

Für die Croûtons können Sie Reste von Baguette, Dinkel- oder Sonnenblumenkernbrot statt des Toastbrots verwenden. Wichtig ist, dass Sie die harte Rinde abschneiden. Wer mag, kann zusätzlich noch 1 EL Mandelstifte oder grob zerkleinerte Walnusskerne mit den Brotwürfeln anbraten.

Variante: Pikante Apfelsuppe

250 ml naturtrüben Apfelsaft und 750 ml Gemüsebrühe zusammen aufkochen lassen. 125 g Sahne und 2–3 EL Dinkelmehl verquirlen, die Mehl-Sahne in die Suppe rühren und alles 1 Minute unter Rühren kochen lassen. Mit Salz, Pfeffer und 2 Messerspitzen gemahlener Nelke abschmecken. Während die Saftmischung erhitzt wird, einen gewürfelten Apfel in 1 EL heißer Butter in einer Pfanne braten, mit 1/2 TL Zucker und 1/2 TL getrocknetem Thymian bestreuen. Die Suppe mit den knusprigen Apfelwürfeln bestreuen.

Zubereiten: 20 Minuten

Bärlauchsuppe mit Mascarpone

Für 4 Portionen
100 g frischer Bärlauch
5 EL Olivenöl
2 Schalotten
800 ml Hühnerbrühe
150 g Mascarpone
2 EL Speisestärke
1 EL Zitronensaft
Salz
frisch gemahlener Pfeffer

Pro Portion:
425 kcal; 17 g Eiweiß; 7 g Kohlenhydrate; 37 g Fett; 3 g Ballaststoffe

1. Den Bärlauch verlesen, waschen, von den Stielen befreien und in feine Streifen schneiden. 4 TL Bärlauchstreifen mit 4 EL Olivenöl verrühren.

2. Die Schalotten schälen und fein würfeln. Das restliche Olivenöl (1 EL) in einem Topf erhitzen und die Schalottenwürfel darin glasig werden lassen. Die Hühnerbrühe dazugießen und zum Kochen bringen.

3. Den restlichen Bärlauch mit Mascarpone, Speisestärke und Zitronensaft in einen hohen Rührbecher füllen und mit dem Stabmixer pürieren.

4. Die Bärlauchmischung zur Hühnerbrühe in den Topf geben und mit dem Schneebesen gründlich unterrühren. Unter Rühren zum Kochen bringen und einmal aufkochen.

5. Die Suppe mit dem Stabmixer schaumig aufschlagen. Mit Salz und Pfeffer abschmecken. Auf vorgewärmte Teller oder Schalen verteilen. Jede Portion mit Bärlauchöl beträufeln; sofort servieren.

So geht's noch schneller

In wenigen Minuten ist die Suppe mit 80 g TK-Bärlauch zubereitet. Dieser ist bereits zerkleinert und wird unaufgetaut wie der frische Bärlauch im Rezept verwendet – also direkt ins Öl (Schritt 1) bzw. in den Mascarpone (Schritt 3) gerührt.

Alternative

Außerhalb der Bärlauchsaison lässt sich die Suppe schnell und unkompliziert mit Bärlauch-Pesto zubereiten, den man das ganze Jahr über fertig kaufen kann.

Variante: Frühlingskräutersuppe

75 g Frühlingskräuter (Kerbel, Bärlauch, Petersilie) waschen und die Blättchen fein hacken. 75 g weiche Butter mit Salz, Pfeffer, 1 EL Mehl und den gehackten Kräutern verkneten. Die Kräuterbutter zu einer Rolle formen, in Frischhaltefolie wickeln und im Kühlschrank in etwa 30 Minuten fest werden lassen (kann schon einen Tag zuvor hergestellt werden). 900 ml Hühnerbrühe aufkochen. Die kalte Kräuterbutter in Scheiben schneiden und sofort mit dem Stabmixer unter die Brühe schlagen. Die Suppe mit Frühlingszwiebelringen bestreuen; servieren.

Zubereiten: 30 Minuten

Pichelsteiner Eintopf

Für 4 Portionen

- 2 TL getrockneter Majoran
- 1 TL getrocknetes Liebstöckel
- 1/2 TL Kümmelsamen
- frisch gemahlener Pfeffer
- Salz
- 2 große Zwiebeln
- 500 g große, vorwiegend festkochende Kartoffeln
- 750 ml Rinderbrühe
- 3 EL Öl
- 400 g Rindfleisch (Lende), in 1,5 cm großen Würfeln
- 450 g TK-Suppengemüse
- 4 Petersilienstängel

Pro Portion:
380 kcal; 40 g Eiweiß; 25 g Kohlenhydrate; 14 g Fett; 8 g Ballaststoffe

1. Majoran, Liebstöckel und Kümmel mit 1 TL gemahlenem Pfeffer und 1/2 TL Salz in einer kleinen Schale mischen.

2. Die Zwiebeln schälen, halbieren und in Streifen oder Halbringe schneiden. Die Kartoffeln schälen und in feine Scheiben hobeln.

3. Die Rinderbrühe in einem Topf zum Kochen bringen. In der Zwischenzeit 2 EL Öl in einer großen Kasserolle erhitzen und die Fleischwürfel darin rundum 1 Minute anbraten. Herausnehmen; zugedeckt beiseitestellen.

4. Das restliche Öl (1 EL) in der Kasserolle erhitzen und die Zwiebeln darin anbraten. 1 TL der Würzmischung über die Zwiebeln streuen, die Fleischwürfel daraufgeben und ebenfalls 1 TL Würzmischung darauf verteilen.

5. Die Kartoffelscheiben zum Fleisch in den Topf geben und auf alles 1 TL Würzmischung verteilen. Das gefrorene Suppengemüse darübergeben und mit der restlichen Würzmischung würzen. Die kochend heiße Rinderbrühe daraufgießen. Den Eintopf zugedeckt 12 Minuten bei schwacher Hitze köcheln lassen.

6. Währenddessen die Petersilie waschen und die Blättchen fein hacken. Den Pichelsteiner Eintopf mit der Petersilie bestreuen und servieren.

So geht's noch schneller

Statt die Gewürze selbst zu mischen, den Eintopf mit einer fertigen getrockneten Suppengewürz-Mischung würzen.

Alternativen

Statt mit Rinderlende kann der Eintopf auch mit in Streifen geschnittenem Schweineschnitzel zubereitet werden. Lassen Sie in diesem Fall die Schnitzel am besten beim Kauf vom Fleischer schnetzeln. Wer mag, kann die Rinderlende auch durch 200 g Rindfleischwürfel und 200 g Schweinegeschnetzeltes ersetzen.

Variante: Gemüsetopf mit Hackfleisch

1 große Zwiebel 1 Stange Lauch, 500 g Möhren und 400 g Kartoffeln putzen bzw. schälen. Zwiebel und Gemüse in kleine Würfel bzw. Scheiben schneiden. 400 g gemischtes Hackfleisch in 3 EL Öl anbraten. Mit Salz, Pfeffer und 2 TL Hackfleisch-Gewürzmischung würzen. Lauch, Möhren und Kartoffeln darin kurz anbraten. 750 ml Gemüsebrühe dazugießen; aufkochen und zugedeckt 15 Minuten köcheln lassen, bis das Gemüse weich ist. Mit Salz und Pfeffer abschmecken.

Zubereiten: 25 Minuten

Schweinefilet-Topf mit Kürbis

Für 4 Portionen

- 500 g Schweinefilet, in 2 cm dicken Scheiben
- 1/2 TL gemahlenes Piment
- 1/2 TL getrockneter Thymian
- frisch gemahlener Pfeffer
- abgeriebene Schale von 1/2 unbehandelten Zitrone
- 2 große Möhren
- 2 EL Öl
- Salz
- 1 l Hühnerbrühe
- 200 g Langkornreis (10-Minuten-Schnellkochreis)
- 1 Dose Mais (Abtropfgewicht 285 g)
- 1 Glas eingelegte Kürbiswürfel (Abtropfgewicht 200 g)
- 1 Tomate
- 2 Frühlingszwiebeln
- Cayennepfeffer

Pro Portion:
625 kcal; 48 g Eiweiß; 54 g Kohlenhydrate; 24 g Fett; 6,5 g Ballaststoffe

1. Die Fleischscheiben auf beiden Seiten mit Piment, Thymian, Pfeffer und Zitronenschale würzen. Die Möhren schälen, längs vierteln und in 1 cm dicke Stücke schneiden.

2. Das Öl in einer Kasserolle erhitzen, darin das Fleisch bei starker Hitze pro Seite 2 Minuten anbraten. Herausnehmen, salzen und zugedeckt beiseitestellen. Die Brühe in den Topf gießen und zum Kochen bringen. Die Möhren und den Reis hineingeben; etwa 10 Minuten kochen lassen.

3. In der Zwischenzeit zuerst die Maiskörner, dann die Kürbiswürfel in einem Sieb abtropfen lassen; den Kürbissud dabei auffangen. Die Tomate waschen, vom grünen Stielansatz befreien und würfeln. Maiskörner, Kürbis, Tomate und die angebratenen Fleischscheiben zur Brühe geben. Gemüse und Fleisch darin bei schwacher Hitze 5 Minuten ziehen lassen.

4. In der Zwischenzeit die Frühlingszwiebeln putzen, waschen und in Ringe schneiden. Den Eintopf mit Pfeffer, Salz, Cayennepfeffer und 2 EL Kürbissud abschmecken. Die Frühlingszwiebeln unter den Schweinefilet-Topf rühren. Das Gericht servieren.

So geht's noch schneller

Das Schweinefilet weglassen. Stattdessen 250 g Kasseler-Aufschnitt (in etwa 5 mm dicken Scheiben) in Streifen schneiden und ganz zum Schluss hinzufügen.

Variante: Putentopf mit Zucchini und Kürbis

Zwei gewürfelte Zwiebeln und zwei gehackte Knoblauchzehen in 2 EL Öl glasig dünsten. 400 g Zucchini und 500 g Kürbisfleisch in 1 cm große Würfel schneiden; diese 2 Minuten mitdünsten. 500 ml Hühnerbrühe dazugießen. Das Ganze mit 1 Lorbeerblatt und 1/2 TL getrocknetem Thymian würzen und zugedeckt 10 Minuten köcheln lassen. Inzwischen 400 g Putengeschnetzeltes mit Salz, Pfeffer, 1/2 TL getrocknetem Thymian und 1/2 TL edelsüßem Paprikapulver würzen; mit 1 TL Mehl bestäuben. Das Fleisch unter das Gemüse rühren und in 7 Minuten gar ziehen lassen. Den Eintopf mit Salz, Pfeffer und 2 EL Zitronensaft abschmecken. Mit 2 EL Chili- oder Kräuteröl beträufeln und servieren.

Zubereiten: 30 Minuten

Schwäbische Linsen mit Spätzle

Für 4 Portionen

1 Möhre
150 g Knollensellerie
1 Zwiebel
1 EL Öl
1,2 l Gemüsebrühe
125 g durchwachsener Räucherspeck am Stück
1 Lorbeerblatt
400 g Tellerlinsen
2 EL Butter
1 EL Mehl
2 EL Weinessig
Kräutersalz
frisch gemahlener Pfeffer
8 Wiener Würstchen
500 g Spätzle (Kühlregal)

Pro Portion:
880 kcal; 53 g Eiweiß; 64 g Kohlenhydrate; 45 g Fett; 14 g Ballaststoffe

1. Die Möhre putzen, schälen und fein würfeln. Den Knollensellerie schälen und in feine Würfel schneiden. Die Zwiebel schälen und würfeln.

2. Das Öl im Schnellkochtopf erhitzen. Zwiebelwürfel und Gemüse darin kurz dünsten. Die Brühe dazugießen. Den Räucherspeck in vier gleich große Stücke schneiden, diese mit den Linsen und dem Lorbeerblatt in den Topf geben.

3. Den Topf nach Herstellerangabe verschließen. Den Topfinhalt erhitzen und auf der Schnellkochstufe (2. Ring) 10 Minuten garen.

4. In der Zwischenzeit 1 EL Butter mit dem Mehl verkneten. Wenn der Topf drucklos ist, öffnen. Die Mehlbutter zu den Linsen geben und unterrühren.

5. Die Linsen unter Rühren aufkochen. Mit Essig, Kräutersalz und Pfeffer würzen. Die Würstchen obenauf legen und zugedeckt bei schwacher Hitze 5 Minuten erwärmen.

6. Die Spätzle in der restlichen Butter (1 EL) und 3 EL Wasser in 3 Minuten (Packungsangabe beachten) erhitzen. Die Linsen mit Spätzle, Speck und Würstchen anrichten.

Garzeiten für Linsen

Im Kochtopf beträgt die Garzeit für Tellerlinsen etwa 30 Minuten. Die kleinen schwarzen Belugalinsen sind nach etwa 20 Minuten gar und die roten Linsen garen sogar innerhalb von 10 Minuten.

So geht's noch schneller

Am schnellsten ist das Gericht mit fertig gegarten Linsen mit Suppengrün aus der Dose gekocht: diese einfach im Topf erhitzen und die Wiener Würstchen darin erwärmen.

Das schmeckt dazu

Reichen Sie zu den Würstchen mittelscharfen Senf. Außerdem kann man am Tisch, jeder nach Geschmack, noch etwas Essig ins Linsengericht geben.

Variante: Linseneintopf mit Kartoffeln

Eine gewürfelte Zwiebel, zwei gehackte Knoblauchzehen, 400 g in kleine Würfel geschnittene geschälte Kartoffeln und 100 g gewürfelten durchwachsenen Räucherspeck kurz in 2 EL Öl braten. 1 EL getrocknetes Suppengewürz und 500 ml Gemüsebrühe hinzufügen. Alles zum Kochen bringen, dann 15 Minuten zugedeckt köcheln lassen, bis die Kartoffeln weich sind. Linsen aus der Dose (530 g Abtropfgewicht) abgießen. Mit 300 g in Scheiben geschnittener Fleischwurst oder 300 g in Streifen geschnittenen geräucherten Schweinehalsscheiben in die Suppe geben und heiß werden lassen.

Zubereiten: 30 Minuten

Lachstopf mit Kartoffeln

Für 4 Portionen
600 g große, vorwiegend festkochende Kartoffeln
350 g Zucchini
1 Zwiebel
2 EL Öl
1 Lorbeerblatt
650 ml Fischfond oder Gemüsebrühe
150 ml trockener Weißwein (z. B. Riesling)
600 g Lachsfilet
3 EL Zitronensaft
125 g Sahne
2 EL Mehl
Salz
frisch gemahlener Pfeffer
200 g TK-Champignons
4 Dillzweige

Pro Portion:
520 kcal; 38 g Eiweiß; 31 g Kohlenhydrate; 27 g Fett; 6 g Ballaststoffe

1. Die Kartoffeln waschen, schälen und in 1 cm große Würfel schneiden. Die Zucchini waschen und die Enden abschneiden. Die Zucchini halbieren und die Hälften in 1 cm dicke Scheiben schneiden. Die Zwiebel schälen und würfeln.

2. Das Öl in einem Topf erhitzen. Die Zwiebelwürfel darin glasig dünsten, dann Zucchini und Kartoffeln hinzufügen und kurz mitdünsten. Das Lorbeerblatt dazugeben.

3. Fischfond und Wein in den Topf gießen; den Topfinhalt aufkochen und zugedeckt 10 Minuten köcheln lassen.

4. Währenddessen die Lachsfilets in mundgerechte Stücke schneiden und mit 1 EL Zitronensaft beträufeln.

5. Die Sahne mit dem Mehl glatt rühren. Die Sahnemischung in den Sud gießen und das Ganze einmal unter Rühren aufkochen lassen.

6. Die Lachsstücke in den gebundenen Sud geben und bei schwacher Hitze etwa 3 Minuten ziehen lassen. Anschließend die gefrorenen Pilze in die Suppe geben und alles noch 3 Minuten garen.

7. In der Zwischenzeit den Dill waschen und die Spitzen abzupfen. Den Fischtopf mit Salz, Pfeffer und dem restlichen Zitronensaft (2 EL) abschmecken. Auf tiefe Teller oder Schalen verteilen, mit Dill bestreuen und servieren.

So geht's noch schneller

Statt mit frischem Dill können Sie den Fischtopf auch mit TK-Dill oder einer TK-Kräutermischung bestreuen.

Alternative

Sie können den Fischtopf statt mit süßer Sahne auch mit saurer Sahne zubereiten. Positiver Nebeneffekt: Sie sparen dabei Kalorien ein.

Variante: Fischtopf mit Kabeljau

1 Zwiebel schälen und 2 Fenchelknollen putzen; beides klein würfeln. 1 Lauchstange putzen und in feine Streifen schneiden. Alles in einem großen Topf in 2 EL Öl 3 Minuten dünsten. 800 ml Gemüsebrühe dazugießen und aufkochen. Das Gemüse zugedeckt in etwa 15 Minuten knapp bissfest garen. Inzwischen 400 g Kabeljaufilet in mundgerechte Würfel schneiden. Mit Salz, Pfeffer und 2 TL getrocknetem Fischgewürz würzen; mit 1 EL Zitronensaft beträufeln. Die Fischstücke in der Brühe in etwa 6 Minuten bei schwacher Hitze gar ziehen lassen. Den Fischtopf mit 1 EL gehackter Petersilie bestreuen.

Zubereiten: 30 Minuten

Edler Hummertopf

Für 4 Portionen
1 Zwiebel
1 Knoblauchzehe
1 große Möhre
2 Stangen Sellerie
150 g rote Linsen
2 EL Olivenöl
1 Lorbeerblatt
800 ml Hummer- oder Fischfond
1 gegarter Hummer (etwa 400 g)
2 Petersilienstängel
40 g Krustentierpaste
100 ml trockener Sekt
Salz
frisch gemahlener Pfeffer
1 EL weißer Balsamico-Essig

Pro Portion:
390 kcal; 30 g Eiweiß; 45 g Kohlenhydrate; 9,5 g Fett; 11 g Ballaststoffe

1. Die Zwiebel schälen und in feine Würfel schneiden. Den Knoblauch schälen und hacken. Die Möhre schälen und in kleine Würfel schneiden. Die Selleriestangen waschen, putzen und klein würfeln. Die Linsen waschen und abtropfen lassen.

2. Das Öl in einem Topf erhitzen. Die Zwiebelwürfel und den Knoblauch darin glasig dünsten. Möhren, Sellerie und Linsen kurz mitdünsten. Das Lorbeerblatt dazugeben. Den Fond dazugießen, aufkochen und zugedeckt 10 Minuten bei schwacher Hitze köcheln lassen.

3. In der Zwischenzeit den Hummer zerlegen. Dafür die Scheren abdrehen und aus dem Panzer brechen, das Fleisch herausnehmen.

4. Den Hummerkörper mit der Unterseite nach unten legen und der Länge nach aufschneiden. Das Fleisch herausheben, dabei den Darm entfernen. Hummerfleisch in mundgerechte Stücke teilen.

5. Die Petersilie waschen und die Blättchen fein hacken. Die Krustentierpaste in den Fond einrühren. Den Sekt dazugießen. Mit Salz, Pfeffer und Essig abschmecken.

6. Das Hummerfleisch dazugeben und erwärmen. Die Linsensuppe mit dem Hummer auf vorgewärmte Teller verteilen und mit Petersilie bestreuen.

Alternativen

Statt mit Hummer kann man die Suppe auch mit geschälten, küchenfertigen Garnelen (King Prawns oder Tiger Prawns) zubereiten. Diese in 3–5 Minuten in der Suppe gar ziehen lassen. Und wer keine Krustentierpaste zur Hand hat, nimmt stattdessen 1 EL Tomatenmark und 1 TL fein zerstoßenes Fischgewürz.

Variante: Hummerrahmsuppe mit Seeteufel

1 Zwiebel und 2 Knoblauchzehen schälen, 1 rote Paprikaschote und 1 Selleriestange putzen. Alles fein zerkleinern und in 2 EL heißem Olivenöl dünsten. 800 ml Hummerfond dazugießen. Aufkochen und zugedeckt 10 Minuten kochen lassen. 1 EL Mehl mit 1 EL Butter verkneten. Die Mehlbutter mit 40 g Krustentierpaste und 150 g Sahne einrühren. Die Suppe aufkochen lassen; pürieren. Mit Cayennepfeffer, Salz, Pfeffer und 2 EL Portwein abschmecken. 300 g Seeteufel-Medaillons mit 1 EL Zitronensaft beträufeln und in 3 Minuten in der Suppe gar ziehen lassen. Mit Estragon bestreuen.

Zubereiten: 30 Minuten

Sauerkrauteintopf mit Kasseler

Für 4 Portionen

- 1 Zwiebel
- 400 g mehligkochende Kartoffeln
- 2 EL Schweineschmalz
- 1/2 TL getrockneter Majoran
- 4 Wacholderbeeren
- 1/2 TL Kümmelsamen
- 1 Lorbeerblatt
- 500 ml Gemüsebrühe
- 1 säuerlicher Apfel
- 500 g Weinsauerkraut
- 4 Scheiben Kasseler Rippchen (gepökelt, gegart; je 200 g)
- Salz
- frisch gemahlener Pfeffer

Pro Portion:
470 kcal; 39 g Eiweiß; 23 g Kohlenhydrate; 24 g Fett; 8 g Ballaststoffe

1. Die Zwiebel schälen und würfeln. Die Kartoffeln schälen und grob raspeln. Das Schweineschmalz in einer Kasserolle erhitzen und die Zwiebelwürfel darin glasig dünsten.

2. Kartoffeln, Majoran, Wacholderbeeren, Kümmelsamen, Lorbeerblatt und Gemüsebrühe dazugeben. Den Topfinhalt zum Kochen bringen und 5 Minuten köcheln lassen.

3. In der Zwischenzeit den Apfel schälen, vierteln, vom Kerngehäuse befreien und in kleine Würfel schneiden. Die Apfelwürfel und das Sauerkraut mitsamt der Flüssigkeit in den Topf geben und unterrühren; alles 5 Minuten garen.

4. Die Kasseler Rippchen auf die Sauerkrautmischung legen, den Topf schließen und den Eintopf 10 Minuten weiterköcheln lassen.

5. Zum Schluss das Gericht mit Salz und Pfeffer abschmecken. Auf vier tiefe Teller verteilen, auf jede Portion eine Scheibe Kasseler legen; servieren.

Reste verwerten

Falls vom Eintopf etwas übrig bleibt, lässt sich daraus eine Sauerkraut-Cremesuppe zubereiten. Dafür etwa 5 EL vom Sauerkraut-Kartoffel-Eintopf mit 500 ml Gemüsebrühe und 200 ml Weißwein oder Apfelsaft erhitzen; mit dem Stabmixer pürieren und dabei etwas Schmand untermixen.

So geht's noch schneller

Die geraspelten Kartoffeln weglassen. Stattdessen in einem zweiten Topf 4 Portionen Kartoffelpüree aus der Packung nach Anleitung zubereiten. Das Püree vor dem Servieren unter das Sauerkraut mischen und die Kasselerscheiben auf dem Eintopf anrichten.

Variante: Sauerkrautsuppe mit Hackfleisch

250 g gemischtes Hackfleisch in 2 EL Öl anbraten. Eine gewürfelte Zwiebel und eine gehackte Knoblauchzehe dazugeben und kurz mitbraten. 250 g Sauerkraut und 125 g Langkornreis (parboiled) unterrühren. 900 ml Gemüsebrühe dazugießen und alles 15 Minuten garen. 150 g saure Sahne mit 1 TL Mehl und 1 TL edelsüßem Paprikapulver verrühren. Unter die Sauerkrautmischung rühren; alles aufkochen. 4 Debrecziner in Scheiben schneiden; die Scheiben 5 Minuten in der Suppe erhitzen. Die Suppe mit Salz und Pfeffer abschmecken.

Zubereiten: 30 Minuten

Paprikacreme mit Gnocchi und Salbei

Für 4 Portionen

2 rote Paprikaschoten
2 gelbe Paprikaschoten
1 Zwiebel
1 Knoblauchzehe
5 EL Olivenöl
1 TL italienische Kräutermischung
1 Messerspitze Zucker
1 TL edelsüßes Paprikapulver
1/4 TL scharfes Paprikapulver
Salz
frisch gemahlener Pfeffer
1 EL Tomatenmark
800 ml Gemüsebrühe
100 g Crème fraîche
1 EL Zitronensaft
500 g Gnocchi (Kühlregal)
12 frische Salbeiblätter
25 g geriebener Parmesan

Pro Portion:
418 kcal; 9 g Eiweiß; 44 g Kohlenhydrate; 23 g Fett; 6 g Ballaststoffe

1. Die Paprikaschoten von Samen und Trennwänden befreien, waschen und in Streifen schneiden. Die Zwiebel schälen und würfeln. Die Knoblauchzehe schälen und hacken.

2. In einem Topf 2 EL Olivenöl erhitzen. Zwiebel und Knoblauch darin glasig dünsten. Paprikastreifen dazugeben und 2 Minuten mitdünsten.

3. Die Paprikamischung mit Kräutern, Zucker, edelsüßem und scharfem Paprikapulver sowie Salz und Pfeffer würzen. Tomatenmark unterrühren. Die Gemüsebrühe dazugießen und zum Kochen bringen. Das Gemüse 10 Minuten garen.

4. Die Gnocchi in die Suppe geben und 2 Minuten darin erwärmen (Packungsangabe beachten). Währenddessen das restliche Olivenöl (3 EL) in einer Pfanne erhitzen und die Salbeiblätter darin knusprig braten.

5. Die Crème fraîche und den Zitronensaft unter das Gemüse und die Gnocchi rühren. Den Paprikatopf auf Suppentellern oder in Schalen anrichten, mit Parmesan und Salbeiblättern bestreuen und servieren.

So geht's noch schneller

Statt der frischen Paprikaschoten 200 g eingelegte Paprika (Glas) in einem Sieb mit kaltem Wasser abspülen. Gut abtropfen lassen und in Streifen schneiden. Die Garzeit von 10 Minuten (Schritt 3) entfällt. Zitronensaft weglassen, da die Paprikaschoten bereits sauer eingelegt sind.

Alternative

Die Salbeiblätter kann man durch Petersilie ersetzen. Am besten eignen sich dafür große Blätter der glattblättrigen Sorte.

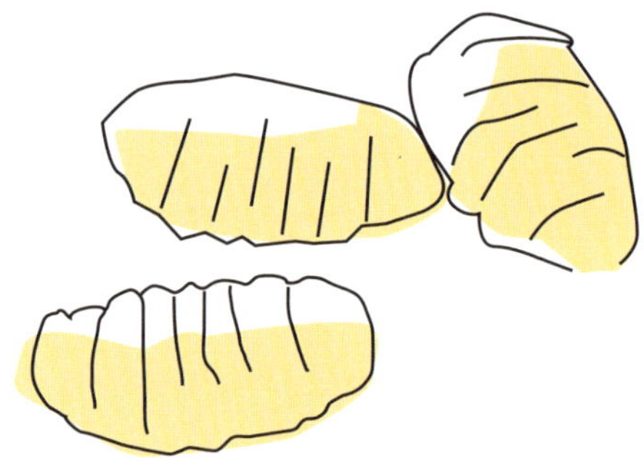

Variante: Tomaten-Weißkohl-Topf mit Gnocchi

1 Zwiebel schälen und würfeln, 300 g Weißkohl in feine Streifen schneiden. Zwiebel und Kohl in 2 EL heißem Öl kurz dünsten. 800 g gehackte Tomaten (Dose) und 300 ml Gemüsebrühe dazugeben. Die Mischung mit 1/2 TL gemahlenem Koriander, 1 TL Oregano, Kräutersalz und Pfeffer würzen. Aufkochen und zugedeckt 10 Minuten köcheln lassen. 25 g Butter unter den Eintopf rühren. 500 g Gnocchi, wie oben in Schritt 4 beschrieben, im Tomaten-Weißkohl-Topf erwärmen. Den Eintopf mit geriebenem Pecorino bestreuen und servieren.

Zubereiten: 30 Minuten

Bohnentopf mit Aprikosen und Lamm

Für 4 Portionen

- 400 g Lammfleisch (Lende), in 3 cm dicken Scheiben
- frisch gemahlener Pfeffer
- 2 1/2 TL getrocknetes Bohnenkraut
- 1 Zwiebel
- 2 Knoblauchzehen
- 3 EL Olivenöl
- Salz
- 400 ml Gemüsebrühe
- 500 g TK-Bohnen (Junge Brechbohnen)
- 1 Dose weiße Bohnen (Abtropfgewicht 250 g)
- 2 Tomaten
- 8 getrocknete Aprikosen
- 100 g Crème fraîche
- 1 EL Kräuteressig (z. B. Estragonessig)

Pro Portion:
435 kcal; 38 g Eiweiß; 25 g Kohlenhydrate; 20 g Fett; 10 g Ballaststoffe

1. Die Fleischscheiben mit Pfeffer und 1 TL Bohnenkraut würzen. Die Zwiebel schälen und würfeln. Die Knoblauchzehen schälen und fein hacken.

2. In einer großen Kasserolle 2 EL Olivenöl erhitzen und die Lammscheiben darin auf jeder Seite 1 Minute braten. Herausnehmen; auf einen Teller legen, salzen und mit einer Schüssel bedecken.

3. Das restliche Olivenöl (1 EL) in die Kasserolle geben. Zwiebelwürfel und Knoblauch darin glasig werden lassen. Das restliche Bohnenkraut (1 1/2 TL) darüberstreuen.

4. Die Gemüsebrühe dazugießen und zum Kochen bringen. Die gefrorenen Bohnen untermischen. Das Ganze mit Salz und Pfeffer würzen und 5 Minuten bei starker Hitze zugedeckt garen.

5. In der Zwischenzeit die weißen Bohnen in einem Sieb abspülen und abtropfen lassen. Die Tomaten waschen, von den grünen Stielansätzen befreien und in Würfel schneiden.

6. Die weißen Bohnen und die Tomaten unter die grünen Bohnen mischen. Das gebratene Fleisch hinzufügen und in 5 Minuten bei schwacher Hitze im Eintopf gar ziehen lassen.

7. Währenddessen die Aprikosen in Streifen schneiden. Die Fruchtstreifen mit der Crème fraîche im Bohnentopf erwärmen. Das Gericht mit Salz, Pfeffer und Kräuteressig abschmecken.

Reste verwerten

Statt der gebratenen Lammscheiben können Sie auch gegarte Bratenreste (von Lamm oder Schwein) in kleine Würfel schneiden und unter Bohnen und Tomaten mischen.

Das schmeckt dazu

Reichen Sie am besten frisches Baguette zu dem Bohnentopf. Damit lässt sich wunderbar die feine Garflüssigkeit auftunken.

Variante: Bohnentopf mit Mango

In einem Topf 2 EL Öl heiß werden lassen. 150 g gewürfelten gekochten Schinken und eine gewürfelte Schalotte darin braten, bis die Schalotte glasig ist.
Mit 2 TL getrocknetem Thymian würzen. 400 g gekochte Kartoffeln klein würfeln und mit 800 ml Gemüsebrühe in den Topf geben; aufkochen. 500 g gefrorene TK-Bohnen untermischen; die Suppe erneut aufkochen, anschließend 6 Minuten köcheln lassen. 50 g getrocknete Mangostücke in Streifen schneiden, in den Eintopf geben und 2 Minuten ziehen lassen. Den Bohnentopf mit Salz, Pfeffer und 1 EL Kräuteressig abschmecken. Auf jede Portion 1 TL saure Sahne geben.

6 x Eintöpfe mit Bohnen

Zubereiten: 20 Min.

Weiße Bohnensuppe mit Estragon

Für 4 Portionen

Den Inhalt von **1 Dose weiße Bohnen** (Abtropfgewicht 500 g) in ein Sieb geben, kalt abspülen und abtropfen lassen. **1 Zwiebel** schälen und würfeln. **1 Knoblauchzehe** schälen und fein hacken. **2 EL Öl** in einem Topf erhitzen. Zwiebel und Knoblauch darin glasig werden lassen, **1 TL getrocknetes Bohnenkraut** und **½ TL getrocknetes Liebstöckel** dazugeben. **1 gehäuften EL Mehl** darüberstäuben und kurz mit anschwitzen. **1,5 l Rinderbrühe** unter Rühren dazugießen und zum Kochen bringen. Die Bohnen und **4 EL Sahne** dazugeben, 5 Minuten bei schwacher Hitze köcheln. **200 g Debrecziner** in Scheiben schneiden und in 5 Minuten in der Suppe heiß werden lassen. **2 Estragonzweige** waschen, die Blättchen abzupfen und in die Suppe rühren. Mit **Salz, Pfeffer** und **1 EL Estragonessig** abschmecken.

Pro Portion:
530 kcal; 35 g Eiweiß; 20 g Kohlenhydrate; 33 g Fett; 11 g Ballaststoffe

Zubereiten: 30 Min.

Italienischer Bohnentopf mit Nudeln

Für 4 Portionen

Den Inhalt von **2 Dosen weiße Bohnen** (z. B. Cannellini; Abtropfgewicht insgesamt 480 g) in einem Sieb abspülen und abtropfen lassen. **1 Zwiebel** schälen und würfeln. **1 große Möhre** schälen und klein würfeln. **2 Selleriestangen** waschen, putzen und klein würfeln. **1 EL Olivenöl** in einem Topf erhitzen. **100 g gewürfelten Räucherspeck** und die Zwiebelwürfel darin glasig dünsten. Sellerie und Möhre kurz mitdünsten. **1 TL getrockneten Oregano** und **1 Rosmarinzweig** sowie die abgetropften Bohnen dazugeben. **1 l Hühnerbrühe** und **400 g gehackte Tomaten (Dose)** dazugeben. Aufkochen und 5 Minuten kochen lassen. **200 g Nudeln** (z. B. Rigatoni oder Penne) in die Suppe geben und nach Packungsangabe garen. Mit **Salz, Pfeffer** und **1 TL weißem Balsamico-Essig** abschmecken. Mit **1 EL gehackter Petersilie** bestreuen und mit **2 EL Olivenöl** beträufeln. Geriebenen Parmesan zum Bestreuen dazu reichen.

Pro Portion:
635 kcal; 32 g Eiweiß; 51 g Kohlenhydrate; 33 g Fett; 11 g Ballaststoffe

Zubereiten: 20 Min.

Rote Bohnen mit Mais und Zucchini

Für 4 Portionen

3 Zucchini waschen und die Enden abschneiden. Zucchini grob raspeln. **500 g passierte Tomaten** und **200 ml Gemüsebrühe** in einem Topf aufkochen. Zucchini dazugeben und 5 Minuten darin köcheln. Den Inhalt von **2 Dosen rote Kidneybohnen** (Abtropfgewicht insgesamt 500 g) in ein Sieb geben, kalt abspülen und abtropfen lassen. Den Inhalt von **1 Dose Mais** (Abtropfgewicht 285 g) in einem Sieb abtropfen lassen. **1 Knoblauchzehe** grob zerkleinern, mit **Salz** bestreuen und mit dem Messerrücken fein zerdrücken. Bohnen und Mais in den Topf geben; alles 5 Minuten erhitzen. Mit **Salz** und **Pfeffer** abschmecken. Mit **Knoblauch** und **1 TL edelsüßem Paprikapulver** würzen. Auf jede Portion **1 TL Basilikum-Pesto** geben.

Pro Portion:
210 kcal; 12 g Eiweiß; 25 g Kohlenhydrate; 7 g Fett; 10 g Ballaststoffe

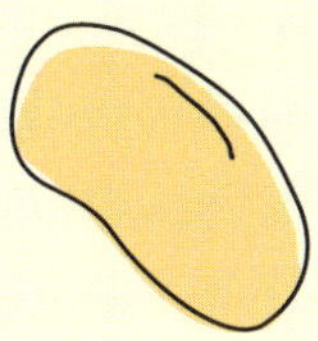

Zubereiten: 25 Min.

Bohnen mit Speck und Birnen

Für 4 Portionen

100 g Frühstücksspeck in breite Streifen schneiden. **2 EL Öl** in einem Topf erhitzen und den Speck darin knusprig braten. Speck herausnehmen. **500 ml Rinderbrühe** in den Topf gießen und aufkochen. **4 Thymianzweige** und **300 g TK-grüne-Bohnen** in gefrorenem Zustand hineingeben; 7 Minuten garen. Den Inhalt von **1 Dose weiße Bohnen** (Abtropfgewicht 500 g) in ein Sieb geben, kalt abspülen und abtropfen lassen. **2 feste Birnen** (z. B. Kaiser Alexander) schälen, vierteln, vom Kerngehäuse befreien und in große Stücke schneiden. Mit den weißen Bohnen zum Eintopf geben; alles 5 Minuten erhitzen. Mit **Kräutersalz**, **Pfeffer** und **1 EL Zitronensaft** abschmecken. Speck untermischen. **2 Frühlingszwiebeln** putzen, waschen und zerkleinern. **2 Zweige Zitronenmelisse** waschen, die Blättchen abzupfen, in Streifen schneiden und mit den Frühlingszwiebeln über den Eintopf streuen.

Pro Portion:
315 kcal; 19 g Eiweiß; 23 g Kohlenhydrate; 16 g Fett; 10 g Ballaststoffe

Zubereiten: 15 Min.

Bohnentopf mit Oliven

Für 4 Portionen

Den Inhalt von **2 Dosen Wachsbrechbohnen** (Abtropfgewicht insgesamt 450 g) in ein Sieb geben, kalt abspülen und abtropfen lassen. **1 Zwiebel** schälen und würfeln. **2 EL Olivenöl** in einem Topf erhitzen und die Zwiebel darin glasig dünsten. **2 EL Tomatenmark** unterrühren und **1 EL Kräuter der Provence** darüberstreuen. Die Bohnen, **250 g gegarten Reis** (Rest oder Schnellkochreis, im Beutel separat gegart) und **125 ml Gemüsebrühe** dazugeben; alles 5 Minuten erhitzen. **200 g schwarze Oliven** und **4 EL Tomaten-Pesto** unter die Bohnenmischung rühren. Mit **Salz** und **Pfeffer** abschmecken. **100 g Feta** zerkrümeln und vor dem Servieren über den Eintopf streuen.

Pro Portion:
405 kcal; 9 g Eiweiß; 23 g Kohlenhydrate; 30 g Fett; 6 g Ballaststoffe

Zubereiten: 25 Min.

Bohnen mit Lauch und Kasseler

Für 4 Portionen

Den Inhalt von **1 Dose weiße Bohnen** (Abtropfgewicht 500 g) in einem Sieb abspülen und abtropfen lassen. **2 Stangen Lauch** putzen, waschen und in Streifen schneiden. In einem Topf **250 ml Gemüsebrühe** erhitzen. Den Lauch darin 10 Minuten garen. Mit je **½ TL getrocknetem Majoran** und **Liebstöckel** würzen. Die Bohnen dazugeben und 5 Minuten erhitzen. **200 g Kasseleraufschnitt** in Streifen schneiden und im Eintopf erwärmen. **100 g Kräuter-Frischkäse** unterrühren. Mit **Salz**, **Pfeffer** und **2 TL Apfelessig** pikant abschmecken. Dazu schmeckt kerniges Brot.

Pro Portion:
225 kcal; 18 g Eiweiß; 14 g Kohlenhydrate; 11 g Fett; 6 g Ballaststoffe

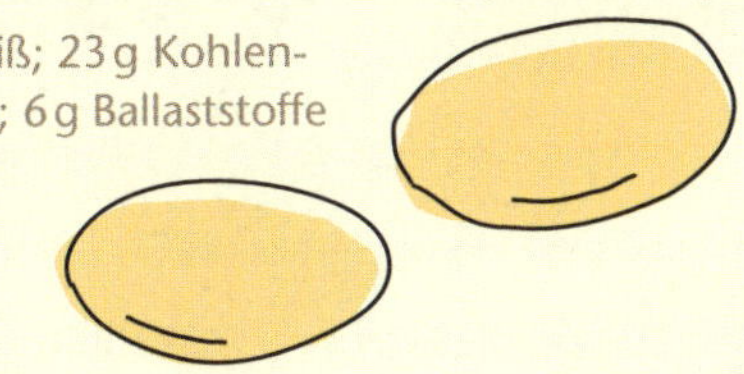

Kochen aus dem Vorrat

Bohnen gibt es in großer Auswahl als Konserven. Sie sind jahrelang haltbar, ideal für den Vorrat und passen zu vielen Gerichten. Ergänzt mit Gemüse (egal ob frisch, tiefgekühlt oder aus der Konserve), mit Kräutern, Gewürzpasten und Tomatenprodukten werden daraus in Minutenschnelle köstliche Hauptgerichte – ganz ohne vorher Einkaufen gehen zu müssen. Auch Würstchen, Schinken oder Käse, vakuumverpackt und griffbereit, machen sich gut im Bohneneintopf. Ihrer Fantasie sind keine Grenzen gesetzt.

Zubereiten: 30 Minuten

Frühlingseintopf mit Brätklößchen

Für 4 Portionen
250 g Möhren
250 g weißer Spargel
1 Kohlrabi
1 Zwiebel
1 EL Öl
125 g Langkornreis
1 Lorbeerblatt
1,5 l Hühnerbrühe
2 Estragonzweige
2 Frühlingszwiebeln
400 g Brätklößchen (Kühlregal)
Salz
frisch gemahlener Pfeffer
1 EL weißer Balsamico-Essig

Pro Portion:
680 kcal; 39 g Eiweiß; 34 g Kohlenhydrate; 43 g Fett; 6 g Ballaststoffe

1. Die Möhren putzen, schälen und in 5 mm dicke Scheiben hobeln oder schneiden. Die Spargelstangen waschen, schälen und in 2 cm lange Stücke schneiden. Den Kohlrabi schälen und in feine Stifte schneiden oder hobeln. Die Zwiebel schälen und würfeln.

2. Das Öl in einem großen Topf erhitzen. Die Zwiebelwürfel darin glasig dünsten. Möhren und Kohlrabi hinzufügen und kurz mitdünsten.

3. Spargelstücke, Reis und Lorbeerblatt zum Gemüse in den Topf geben. Alles mit der Hühnerbrühe aufgießen, dann aufkochen und zugedeckt 15 Minuten köcheln lassen.

4. In der Zwischenzeit den Estragon waschen und die Blättchen fein hacken. Die Frühlingszwiebeln putzen, waschen und in Ringe schneiden; beiseitestellen.

5. Die Brätklößchen und den Estragon in die Suppe geben. Die Suppe bei schwacher Hitze 5 Minuten köcheln lassen, bis die Klößchen durch und durch gar sind. Mit Salz, Pfeffer und Balsamico-Essig abschmecken. Die Suppe mit Frühlingszwiebeln bestreuen und servieren.

Alternative

Statt der Brätklößchen können Sie rohe Bratwurst kaufen, diese aus der Hülle drücken und in mundgerechten Stückchen in die Suppe geben.

So geht's noch schneller

TK-Mischung mit zartem Frühlingsgemüse verwenden. Das gefrorene Gemüse nach Packungsangabe in der Hühnerbrühe garen. Statt Langkornreis können Sie Schnellkochreis nehmen, der nur 10 Minuten Garzeit benötigt.

Variante: Gemüseeintopf mit Hackfleischklößchen

Aus 250 g gemischtem Hackfleisch, 50 g gegartem Reis, 1 Ei, einer gewürfelten Zwiebel, einer fein gehackten Knoblauchzehe, 1 EL gehacktem Dill sowie Salz und Pfeffer einen Teig herstellen. Mit angefeuchteten Händen daraus 16 kleine Klöße formen; diese zugedeckt 10 Minuten kühl stellen. In einem Topf 1,5 l Gemüsebrühe erhitzen und 450 g TK-Suppengemüse darin 5 Minuten garen (Packungsangabe beachten). Die Hackklößchen in die Suppe geben und zugedeckt bei schwacher Hitze mit dem Gemüse in etwa 10 Minuten gar ziehen lassen. Die Suppe mit Schnittlauchröllchen bestreuen und servieren.

Zubereiten: 25 Minuten

Bohnensuppe mit Räuchermakrele

Für 4 Portionen

- 1 Zwiebel
- 1 Knoblauchzehe
- 2 EL Olivenöl
- 1 TL getrocknetes Bohnenkraut
- 1/2 TL getrockneter Oregano
- 1 l Gemüsebrühe
- 600 g TK-Dicke-Bohnenkerne
- 1 Lorbeerblatt
- 2 Räuchermakrelen (zusammen etwa 700 g)
- 4 Petersilienzweige
- Salz
- frisch gemahlener Pfeffer
- 2 EL Zitronensaft

Pro Portion:
535 kcal; 48 g Eiweiß; 20 g Kohlenhydrate; 29 g Fett; 5 g Ballaststoffe

1. Die Zwiebel schälen und würfeln. Die Knoblauchzehe ebenfalls schälen und fein hacken.

2. Das Olivenöl in einem Topf erhitzen. Zwiebelwürfel und Knoblauch darin glasig dünsten. Bohnenkraut und Oregano unterrühren.

3. Die Gemüsebrühe zur Zwiebelmischung geben und zum Kochen bringen. Das Lorbeerblatt und die gefrorenen Bohnen in die kochende Brühe geben; 15 Minuten zugedeckt kochen lassen, bis die Bohnen gar sind.

4. In der Zwischenzeit die Räuchermakrelen halbieren und von den Gräten befreien. Die Filets von der Haut lösen und in mundgerechte Stücke teilen. Die Petersilie waschen und die Blättchen fein hacken.

5. Die Suppe mit Salz, Pfeffer und Zitronensaft abschmecken. Die Makrelenstücke auf vier tiefe Teller verteilen. Die kochend heiße Bohnensuppe daraufschöpfen und die Suppe mit Petersilie bestreuen. Sofort servieren.

So geht's noch schneller

Wer Makrelenfilets kauft, spart sich das Entfernen der Gräten. Rechnen Sie mit etwa 400 g Makrelenfilets. Statt frischer Petersilie können Sie auch TK-Ware verwenden.

Alternative

Sie können die Bohnen auch einfach durch TK-Erbsen ersetzen. Die gefrorenen Erbsen nach Packungsangabe in der Brühe (siehe Rezept, Schritt 3) garen. Die Makrelenstücke auf der Erbsensuppe anrichten.

Variante: Bohnentopf mit Räucherkäse

In einem Topf eine gewürfelte Zwiebel und zwei gehackte Knoblauchzehen in 2 EL heißem Öl dünsten, bis die Zwiebel glasig ist. 700 g TK-Dicke-Bohnen in den Topf geben, 1 l Gemüsebrühe dazugießen, aufkochen lassen und die Bohnen in 15 Minuten garen. Die Suppe mit Salz und Pfeffer würzen. 4 TL Basilikum-Pesto und 200 g gewürfelten Scamorza oder anderen Räucherkäse unterrühren.

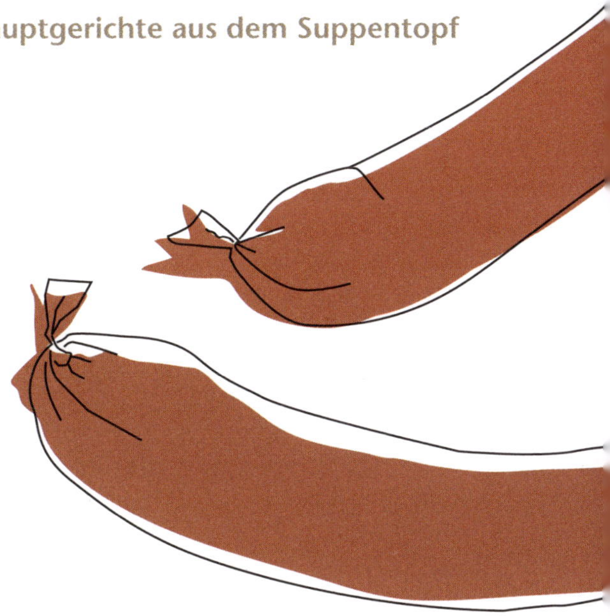

Zubereiten: 30 Minuten

Grünkohl mit Räucherwurst

Für 4 Portionen

- 1,2 kg TK-Grünkohl
- 2 Zwiebeln
- 2 EL Schweineschmalz
- 1/2 TL getrockneter Majoran
- 1/2 TL gemahlenes Piment
- 500 ml Rinderbrühe
- 500 g Räucherwürste (z. B. Pinkel, Polnische, Mettenden)
- 2 EL Haferflocken
- Salz
- frisch gemahlener Pfeffer

Pro Portion:
690 kcal; 40 g Eiweiß; 14 g Kohlenhydrate; 52 g Fett; 16 g Ballaststoffe

1. Reichlich Wasser in einem großen Topf zum Kochen bringen. Den gefrorenen Grünkohl hineingeben und 5 Minuten im sprudelnden Wasser vorgaren.

2. Währenddessen die Zwiebeln schälen und würfeln. Den Grünkohl durch ein Spitzsieb oder anderes feinmaschiges Sieb abgießen; kalt abschrecken und abtropfen lassen.

3. Das Schweineschmalz in dem Topf erhitzen. Die Zwiebelwürfel darin glasig dünsten und den Grünkohl untermischen. Mit Majoran und Piment würzen.

4. Die Rinderbrühe dazugießen, aufkochen und 10 Minuten köcheln lassen. Inzwischen die Räucherwürste mit einer Gabel mehrmals einstechen.

5. Die Würste zum Grünkohl geben und etwa 10 Minuten mitköcheln; anschließend herausnehmen. Die Haferflocken unter das Gemüse rühren, um es anzudicken. Mit Salz und Pfeffer kräftig würzen. Den Grünkohl mit den Würsten in tiefen Tellern servieren.

So geht's noch schneller

Fertig zubereiteter Grünkohl wird in Gläsern oder Dosen angeboten und braucht nur erhitzt zu werden. Die Würste einfach im Gemüse erwärmen – fertig.

Das schmeckt dazu

In Schweineschmalz knusprig gebratene kleine, gegarte Pellkartoffeln mit Zwiebelringen sind die perfekte Beilage. Wer mag, kann die Kartoffeln noch mit etwas Zucker bestreuen und karamellisieren lassen.

Variante: Grünkohl mit Räuchertofu

In einem Topf eine gewürfelte Zwiebel in 2 EL heißem Öl glasig dünsten. 1,2 kg vorgegarten und abgetropften Grünkohl (siehe im Rezept oben Schritt 1) kurz mitdünsten. 500 ml Gemüsebrühe dazugießen, alles aufkochen, dann 20 Minuten köcheln lassen. Den Grünkohl mit Salz, frisch gemahlenem Pfeffer, Muskatnuss und 2 EL Sojasauce abschmecken. 50 g vegetarisches Schmalz unterrühren und schmelzen lassen. Das Gericht mit 200 g gewürfeltem Räuchertofu bestreuen und servieren.

Zubereiten: 30 Minuten

Gemüsetopf mit Grünkern und Tomaten-Vinaigrette

Für 4 Portionen

- 1 große Zwiebel
- 1 EL Öl
- 200 g Grünkernschrot
- 1,4 l Gemüsebrühe
- 1 Lorbeerblatt
- 1/2 TL getrocknetes Liebstöckel
- 1 TL getrockneter Majoran
- 400 g Möhren
- 300 g Wirsing
- Salz
- frisch gemahlener Pfeffer
- 1/2 TL mittelscharfer Senf
- 1 EL Weinessig
- 3 EL Walnussöl
- 1 Tomate
- 4 Petersilienstängel

Pro Portion:
310 kcal; 10 g Eiweiß; 39 g Kohlenhydrate; 12 g Fett; 10 g Ballaststoffe

1. Die Zwiebel schälen und würfeln. Das Öl in einem Topf erhitzen und die Zwiebelwürfel darin glasig dünsten. Den Grünkernschrot kurz mitdünsten. 1 l Gemüsebrühe dazugießen; Lorbeer, Liebstöckel und Majoran unterrühren.

2. Die Brühe zum Kochen bringen und alles 10 Minuten garen, dabei gelegentlich umrühren, damit der Grünkernschrot nicht ansetzt.

3. In der Zwischenzeit die Möhren putzen, schälen und grob reiben. Den Wirsing putzen, waschen und in feine Streifen schneiden.

4. Möhren, Wirsing und die restliche Gemüsebrühe in den Topf geben, gründlich unterrühren und alles 10 Minuten bei schwacher Hitze köcheln lassen.

5. Währenddessen Salz, Pfeffer, Senf, Essig und Walnussöl zu einer Vinaigrette rühren. Die Tomate waschen und vom grünen Stielansatz befreien. In Würfel schneiden und unter die Vinaigrette mischen. Petersilie waschen, Blättchen hacken und die Hälfte der Blättchen unter die Tomaten-Vinaigrette rühren.

6. Die Grünkernmischung mit Salz und Pfeffer herzhaft abschmecken, die restliche Petersilie unterrühren. Den Gemüsetopf in tiefen Tellern oder Schalen anrichten und jede Portion mit Tomaten-Vinaigrette beträufeln.

Reste verwerten

Ist vom Eintopf etwas übrig geblieben? Dann füllen Sie den Rest in eine flache Auflaufform, bedecken alles mit geriebenem Emmentaler oder Gouda und überbacken das Ganze im heißen Ofen, bis der Käse geschmolzen und leicht gebräunt ist.

Alternative

Statt mit Wirsing schmeckt der Gemüseeintopf auch sehr gut mit jungem Weißkohl und ganz besonders mit zartem Spitzkohl.

Variante: Grünkern-Lauch-Suppe

In einem Topf 1 l Gemüsebrühe aufkochen, 125 g Grünkernschrot hineinrühren und 10 Minuten in der Brühe garen. Zwei in Ringe geschnittene Lauchstangen mit 250 ml Gemüsebrühe in den Topf geben; alles noch 20 Minuten köcheln lassen. Die Suppe mit Kräutersalz, Pfeffer und geriebener Muskatnuss abschmecken. 4 Semmel- oder Speckknödel (Kühlregal) in die Suppe geben und nach Packungsangabe darin heiß werden lassen. Die Suppe auf Teller verteilen, mit gerösteten Sonnenblumenkernen und Schnittlauchröllchen bestreuen; nach Belieben mit Bärlauch- oder Petersilien-Pesto servieren.

Zubereiten: 25 Minuten

Rosenkohl und Bulgur mit Haselnuss-Sesam-Pesto

Für 4 Portionen

1 große Zwiebel
2 EL Öl
250 g Bulgur
1,5 l Gemüsebrühe
1 Lorbeerblatt
2 TL getrocknetes Suppengewürz
900 g TK-Rosenkohl
1 Bund Petersilie
50 g Haselnusskerne
2 EL Sesamsamen
4 EL Sesamöl
Salz
frisch gemahlener Pfeffer
frisch geriebene Muskatnuss
1 EL Zitronensaft

Pro Portion:
535 kcal; 20 g Eiweiß; 54 g Kohlenhydrate; 26 g Fett; 19 g Ballaststoffe

1. Die Zwiebel schälen und würfeln. Das Öl in einem Topf erhitzen und die Zwiebelwürfel darin in wenigen Minuten glasig dünsten.

2. Den Bulgur unter die Zwiebel rühren. Lorbeerblatt und Suppengewürz hinzufügen. 1 l Gemüsebrühe dazugießen und zum Kochen bringen; den Bulgur 5 Minuten in der Brühe garen.

3. Die restliche Gemüsebrühe (500 ml) hinzufügen und aufkochen. Die gefrorenen Rosenkohlröschen in die Suppe geben und 15 Minuten in der sprudelnd kochenden Gemüsebrühe mitgaren.

4. In der Zwischenzeit die Petersilie waschen, die Blättchen abzupfen und grob zerkleinern. Die Haselnüsse, die Petersilie, die Sesamsamen, das Sesamöl und eine Messerspitze Salz im Blitzhacker oder in einem hohen Behälter mit dem Stabmixer zu einem Pesto mixen.

5. Die Rosenkohl-Bulgur-Suppe mit Salz, Pfeffer, Muskat und Zitronensaft abschmecken. Die Suppe in tiefen Tellern oder in Schalen anrichten. Auf jede Portion etwas Haselnuss-Sesam-Pesto geben und die Suppe servieren.

So geht's noch schneller

Pesto weglassen, dafür 50 g gehackte Mandeln und 3 EL Sesamsamen in einer trockenen Pfanne rösten. Die Suppenportionen mit der Mandel-Sesam-Mischung und der Petersilie bestreuen und jeweils mit 1 EL Sesam- oder Kürbiskernöl beträufeln.

Alternative

Für den Eintopf können Sie auch andere Gemüsesorten (z. B. Brokkoli oder beliebige Gemüsereste) aus dem Kühlschrank verwenden. Sehr gut eignet sich eine Mischung aus Möhren, Knollen- und Stangensellerie, Weißkohl und Lauch.

Variante: **Bulgurtopf mit Rübchen**

600 g Teltower Rübchen oder Möhren schälen und in kleine Würfel schneiden. In einem Topf eine gewürfelte Zwiebel in 2 EL heißem Öl glasig dünsten. Die Rüben in den Topf geben, mit 1 TL Zucker und 1 TL getrocknetem Thymian bestreuen und unter Rühren etwa 3 Minuten mitdünsten. 250 g Bulgur unter das Gemüse rühren; 1,5 l Gemüsebrühe dazugießen und aufkochen, dabei gelegentlich rühren. Den Bulgurtopf mit Kräutersalz und Pfeffer würzen; zugedeckt 20 Minuten bei schwacher Hitze garen. Vor dem Servieren 4 EL Sahne und 2 EL gehackte Petersilie unterrühren.

Zubereiten: 30 Minuten

Graupen mit geräuchertem Schweinefleisch

Für 4 Portionen

- 1 große Möhre
- 100 g Knollensellerie
- 1 Stange Lauch
- 1 große Zwiebel
- 2 EL Öl
- 200 g Rollgerste (Perlgraupen)
- 1 TL getrocknetes Liebstöckel
- 1,5 l Gemüsebrühe
- 250 g geräuchertes Schweinefleisch (z. B. Hals) oder durchwachsener Räucherspeck am Stück
- 1 Lorbeerblatt
- 1 Bund Schnittlauch
- frisch gemahlener Pfeffer
- frisch geriebene Muskatnuss
- Salz
- 100 g Sahne
- 2 EL Olivenöl

Pro Portion:
500 kcal; 20 g Eiweiß; 40 g Kohlenhydrate; 29 g Fett; 5 g Ballaststoffe

1. Die Möhre putzen, schälen, längs halbieren und quer in 1 cm dicke Scheiben schneiden. Den Sellerie schälen und in kleine Würfel schneiden. Den Lauch putzen, waschen und in Streifen schneiden. Die Zwiebel schälen und würfeln.

2. Das Öl im Schnellkochtopf erhitzen und die Zwiebelwürfel darin glasig dünsten. Das Gemüse und die Rollgerste untermischen und kurz mitdünsten, dabei umrühren. Mit dem Liebstöckel würzen. Die Gemüsebrühe dazugießen.

3. Das Fleisch oder den Räucherspeck und das Lorbeerblatt in die Brühe legen. Den Schnellkochtopf nach Vorschrift verschließen. Den Topfinhalt erhitzen und auf der Schnellkochstufe (2. Ring) 10 Minuten garen.

4. In der Zwischenzeit den Schnittlauch waschen und in Röllchen schneiden. Den Topf öffnen, sobald er drucklos ist.

5. Das Fleisch oder den Speck aus der Suppe nehmen, in Scheiben schneiden und diese wieder in den Topf geben.

6. Die Suppe mit Pfeffer, Muskat und Salz abschmecken. Die Sahne und den Schnittlauch unterrühren und die Suppe auf Teller oder Schalen verteilen. Die Portionen mit dem Olivenöl beträufeln; sofort servieren.

Alternative

In die Graupensuppe passen statt Möhren, Sellerie und Lauch auch Fenchel, Petersilienwurzeln und Kohlrabi.

Im herkömmlichen Topf garen

Das Graupengericht können Sie auch im normalen Kochtopf zubereiten. Die Garzeit beträgt dann in Schritt 3 etwa 35 Minuten (statt 10 Minuten im Schnellkochtopf).

Reste verwerten

Sollte von dem Eintopf etwas übrig bleiben, lässt sich dieser Rest am nächsten Tag sehr gut aufwärmen. Falls nötig, noch etwas Brühe dazugießen.

Variante: Gerstensuppe mit Bohnen

In einem Topf 2 EL Öl erhitzen. Eine gewürfelte Zwiebel und eine gehackte Knoblauchzehe darin dünsten, bis die Zwiebel glasig ist. 100 g Gerstenflocken und ein zerkleinertes Bund Suppengrün sowie 1,25 l Gemüsebrühe dazugießen. Alles zum Kochen bringen und zugedeckt 20 Minuten bei schwacher Hitze köcheln lassen. 250 g abgespülte und abgetropfte weiße Bohnen (Dose) in der Suppe erwärmen. Die Gerstensuppe mit Salz, Pfeffer und 1/2 TL getrocknetem Rosmarin abschmecken.

Zubereiten: 30 Minuten

Hackfleischtopf mit Tomaten und Ravioli

Für 4 Portionen

- 1 Zwiebel
- 2 Knoblauchzehen
- 4 EL Olivenöl
- 400 g gemischtes Hackfleisch
- Salz
- frisch gemahlener Pfeffer
- 1 TL getrockneter Oregano
- 1/2 TL getrockneter Rosmarin
- 500 ml Hühnerbrühe
- 250 g Zucchini
- 40 g Pinienkerne
- 4 Basilikumzweige
- 2 Dosen gehackte Tomaten (je 400 g)
- 400 g Ravioli (Kühlregal)
- 25 g geriebener Parmesan

Pro Portion:
760 kcal; 39 g Eiweiß; 25 g Kohlenhydrate; 56 g Fett; 5 g Ballaststoffe

1. Die Zwiebel schälen und würfeln. Die Knoblauchzehen schälen und fein hacken. 2 EL Olivenöl in einem Topf erhitzen. Das Hackfleisch darin 2 Minuten bei starker Hitze anbraten, dabei mit dem Kochlöffel krümelig rühren.

2. Zwiebel und Knoblauch zum Hackfleisch geben und 1 Minute mitbraten. Die Mischung mit Salz, Pfeffer, Oregano und Rosmarin würzen. Die Hühnerbrühe dazugießen, aufkochen und zugedeckt etwa 8 Minuten bei schwacher Hitze köcheln lassen.

3. In der Zwischenzeit die Zucchini waschen, putzen und in kleine Würfel schneiden. Zucchini in den Topf geben und 5 Minuten mitgaren. Währenddessen die Pinienkerne in einer trockenen Pfanne rösten. Das Basilikum waschen und die Blättchen abzupfen.

4. Die Tomaten aus den Dosen zur Hackfleischmischung in den Topf schütten und unterrühren; alles einmal aufkochen. Die Ravioli hinzufügen und nach Packungsangabe in der Sauce erhitzen.

5. Den Eintopf auf Teller oder Schalen verteilen. Die Portionen mit Basilikumblättchen, Pinienkernen und Parmesan bestreuen und mit dem restlichen Olivenöl (2 EL) beträufeln.

So geht's noch schneller

Sie können einfach 4 EL Basilikum-Pesto unter den fertigen Eintopf rühren und dafür die Pinienkerne und das Basilikum zum Bestreuen weglassen.

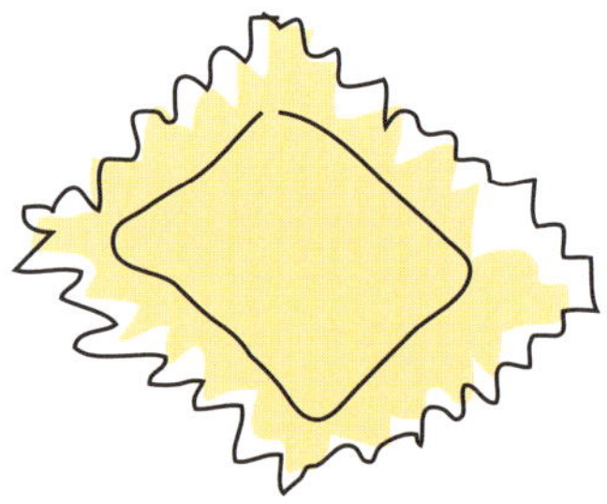

Variante: Pilztopf mit Tomaten und Ravioli

In einem Topf eine gewürfelte Zwiebel mit zwei gehackten Knoblauchzehen in 2 EL heißem Olivenöl glasig dünsten. 500 g in Scheiben geschnittene Champignons dazugeben und 4 Minuten mitdünsten. Mit je 1 TL getrocknetem Thymian und Oregano bestreuen, dann den Inhalt von 2 Dosen gehackten Tomaten (je 400 g) und 500 ml Gemüsebrühe dazugießen; alles aufkochen lassen. 400 g Ravioli (Kühlregal) in die Suppe geben und nach Packungsangabe darin erhitzen. Den Pilztopf mit Salz und Pfeffer abschmecken, mit 25 g geriebenem Parmesan bestreuen und servieren.

Zubereiten: 30 Minuten

Putentopf mit Artischocken und Thunfischcreme

Für 4 Portionen

300 g Romanesco
1 l Hühnerbrühe
100 ml trockener Weißwein (z. B. Grauburgunder)
75 g Basmatireis
40 g abgetropfte Kapern
50 g abgetropfter Thunfisch (naturell)
100 g Crème fraîche
Salz
frisch gemahlener Pfeffer
1 TL Zitronensaft
400 g Putengeschnetzeltes
1/2 TL edelsüßes Paprikapulver
2 TL Speisestärke
4 Frühlingszwiebeln
200 g abgetropfte Artischockenherzen (Glas oder Kühlregal)

Pro Portion:
655 kcal; 44 g Eiweiß; 25 g Kohlenhydrate; 42 g Fett; 10 g Ballaststoffe

1. Vom Brokkoli die Röschen ablösen, waschen, putzen und in mundgerechte Stücke teilen. Den Strunk ebenfalls waschen, putzen, schälen und würfeln.

2. Die Hühnerbrühe und den Weißwein in einem Topf aufkochen. Brokkoliröschen, Strunkstückchen und Reis in den Topf geben und 10 Minuten zugedeckt garen.

3. Währenddessen den Thunfisch mit der Crème fraîche in einem hohen Rührbecher mit dem Stabmixer pürieren. Die Kapern mit einem Kochlöffel unterrühren. Die Thunfischcreme mit Salz, Pfeffer und Zitronensaft abschmecken.

4. Das Putengeschnetzelte mit Küchenpapier trocken tupfen und auf einem Arbeitsbrett mit Salz, Pfeffer und Paprikapulver bestreuen. Anschließend das Fleisch mit der Speisestärke bestäuben. (Dafür die Speisestärke in ein kleines Sieb geben und über das Fleisch streuen.)

5. Das Fleisch in die köchelnde Garflüssigkeit zu Brokkoli und Reis geben und in 7 Minuten gar ziehen lassen.

6. In der Zwischenzeit die Frühlingszwiebeln putzen, waschen und in Ringe schneiden. Mit den Artischocken in den Putentopf geben und darin heiß werden lassen. Auf Teller verteilen, die Thunfischcreme dazu reichen.

Alternative

Statt Romanesco können Sie auch Brokkoli verwenden. Wer TK-Brokkoli nimmt, spart zusätzlich Zeit.

Das schmeckt dazu

Zum Putentopf mit Artischocken ist Ciabatta oder ein anderes knuspriges italienisches Weißbrot die passende Ergänzung. Schneiden Sie das Brot in nicht zu dicke Scheiben.

Reste verwerten

Falls Sie gegarten Reis vom Vortag im Kühlschrank haben, können Sie den Basmati-Reis weglassen und stattdessen etwa 150 g gegarten Reis zum Schluss in den Putentopf geben.

Variante: Putentopf mit Kapern-Pesto

Den Putentopf wie im Rezept beschrieben zubereiten, statt mit Thunfischcreme jedoch mit Kapern-Pesto servieren. Für das Kapern-Pesto im Blitzhacker aus 4 TL abgetropften Kapern, einer gehackten Knoblauchzehe, 2 EL gehackter Petersilie, 1 TL mittelscharfem Senf, 1 TL Zitronensaft und 7 EL Olivenöl ein Pesto mixen.

Zubereiten: 30 Minuten

Hühnertopf mit Nudeln und Gemüse

Für 4 Portionen

- 1 Zwiebel
- 1 Stange Lauch
- 500 g Möhren
- 400 g Hähnchenbrustfilet
- 1,5 l Hühnerbrühe
- 1 Lorbeerblatt
- 1/2 TL getrockneter Thymian
- 150 g feine Suppennudeln (Kurzfaden)
- 100 g TK-Erbsen
- 4 Petersilienstängel
- Salz
- frisch gemahlener Pfeffer
- 1/4 TL edelsüßes Paprikapulver
- frisch geriebene Muskatnuss

Pro Portion:
590 kcal; 53 g Eiweiß; 38 g Kohlenhydrate; 25 g Fett; 10 g Ballaststoffe

1. Die Zwiebel schälen, halbieren und in Streifen schneiden. Den Lauch putzen, waschen und in Streifen schneiden.

2. Die Möhren putzen, schälen, längs halbieren und quer in 5 mm dicke Scheiben schneiden oder hobeln. Das Hähnchenfleisch in 1,5 cm große Würfel schneiden.

3. Die Hühnerbrühe in einem Topf aufkochen. Lorbeerblatt, Thymian, Zwiebel, Lauch, Möhren und Hähnchenfleischwürfel dazugeben. Alles 3 Minuten in der Brühe köcheln lassen.

4. Anschließend die Nudeln hinzufügen und insgesamt 5 Minuten oder nach Packungsangabe garen. Nach 2 Minuten die gefrorenen Erbsen in die Suppe geben und das Ganze noch 3 Minuten köcheln lassen.

5. In der Zwischenzeit die Petersilie waschen und die Blättchen fein hacken. Die Suppe mit Salz, Pfeffer, Paprikapulver und geriebener Muskatnuss würzen.

6. Den Hühnertopf auf tiefe Teller oder Schalen verteilen. Die Portionen mit Petersilie bestreuen und servieren.

Clever vorbereiten

Lauch und Möhren im Voraus (z. B. am Vortag) putzen und zerkleinern. Das Gemüse in einen Gefrierbeutel oder in eine Vorratsdose geben. Beutel oder Dose fest verschließen und das Gemüse bis zur Verwendung im Kühlschrank aufbewahren.

Alternative

Wer die Hühnerbrühe selbst kocht, verwendet das darin gegarte Hühnerfleisch anstelle des Hähnchenbrustfilets. Die frischen Hähnchenbrustfilets kann man generell durch übrig gebliebenes gegartes Hähnchen-, Puten-, aber auch Schweinefleisch ersetzen.

Variante: Hühnersuppe mit Spinatknödeln

In einem Topf eine gewürfelte Gemüsezwiebel in 2 EL Öl dünsten. 250 g Zuckerschoten darin kurz mitdünsten. Das Gemüse mit 1 TL italienischer Kräutermischung würzen. 1 l Hühnerbrühe dazugießen und aufkochen. Das Gemüse zugedeckt 8 Minuten garen, anschließend 400 g Spinatknödel (Kühlregal) in die Brühe geben und nach Packungsangabe erhitzen. Die Hühnersuppe mit Salz, Pfeffer und Muskat würzen. Mit Frühlingskräutern bestreuen und servieren.

Zubereiten: 30 Minuten

Berglinsen mit geräucherter Entenbrust

Für 4 Portionen

- 300 g Berglinsen
- 1 Lorbeerblatt
- 750 ml Gemüsebrühe
- 2 Schalotten
- 1 Knoblauchzehe
- 1 kleine Stange Lauch
- 1 große Möhre
- 3 EL Olivenöl
- 250 ml Entenfond oder Hühnerbrühe
- 4 Petersilienstängel
- 1 EL Orangenmarmelade
- 1 EL Sherryessig
- Salz
- frisch gemahlener Pfeffer
- 200 g geräucherte Entenbrust, in 2 mm dicken Scheiben

Pro Portion:
465 kcal; 36 g Eiweiß; 41 g Kohlenhydrate; 17 g Fett; 11 g Ballaststoffe

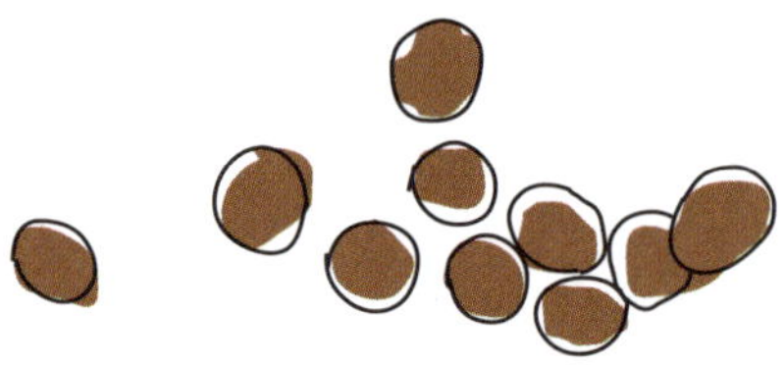

1. Die Linsen waschen und abtropfen lassen. Mit dem Lorbeerblatt und der Gemüsebrühe in einen Topf geben. Alles aufkochen und die Linsen in etwa 30 Minuten weich garen.

2. In der Zwischenzeit die Schalotten schälen und fein würfeln. Den Knoblauch schälen und fein hacken. Den Lauch putzen, waschen und in feine Streifen schneiden. Die Möhre putzen, schälen und in kleine Würfel schneiden.

3. In einem zweiten Topf 1 EL Olivenöl erhitzen. Die Schalottenwürfel, den Knoblauch und das Gemüse darin 2 Minuten dünsten. Fond oder Brühe dazugießen und zum Kochen bringen. Das Gemüse 3 Minuten garen. Die Petersilie waschen und die Blättchen fein hacken.

4. Gegartes Gemüse, Orangenmarmelade, Sherryessig, das restliche Olivenöl (2 EL) und die gehackte Petersilie unter die Linsen rühren. Mit Salz und Pfeffer abschmecken. Den Linseneintopf auf tiefe Teller verteilen; die Entenbrustscheiben darauf anrichten.

Alternativen

Statt mit Entenbrust die Linsen mit geräuchertem Putenbrustaufschnitt servieren. Wer sehr wenig Zeit hat, kann Linsen aus der Dose verwenden.

Das schmeckt dazu

Deftiges Bauernbrot, bestrichen mit Gänse- oder Griebenschmalz, ist die ideale Beilage zum Linsengericht. Wer mag, streut noch geröstete Zwiebeln darauf.

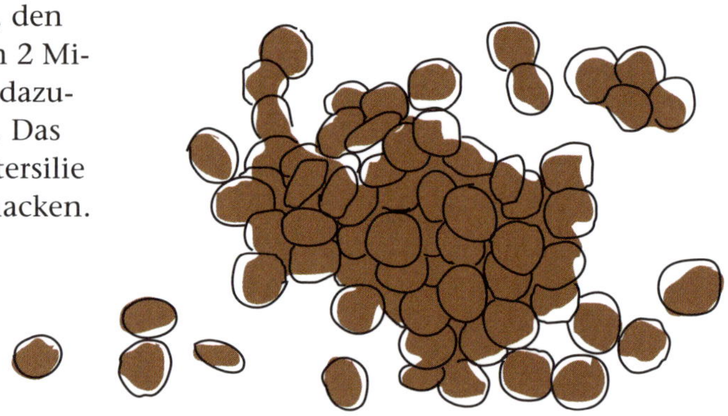

Variante: Linsen mit Zander

2 Schalotten schälen, 50 g Knollensellerie und 1 Möhre putzen. Alles in kleine Würfel schneiden und in 2 EL heißem Öl dünsten. 400 ml Hühnerbrühe dazugießen und aufkochen. Das Gemüse 5 Minuten garen. 750 g abgetropfte Linsen (Dose) unterrühren und erhitzen. Das Linsengemüse mit Kräutersalz, Pfeffer, 1/2 TL Thymian und 1 EL Apfelbalsamessig abschmecken. 300 g Zanderfilet in Würfel schneiden; mit Salz, Pfeffer und 1 TL zerstoßenen Fenchelsamen würzen. Die Fischwürfel etwa 5 Minuten in 2 EL heißem Öl rundherum braten; mit den Linsen in Suppentellern oder -schalen anrichten.

Zubereiten: 30 Minuten

Hirsetopf mit Gemüse und Pilzen

Für 4 Portionen
200 g Hirse
1,5 l Gemüsebrühe
1/2 TL getrockneter Rosmarin
1 TL Thymian
1 Lorbeerblatt
je 1 rote und gelbe Paprikaschote
3 Stangen Sellerie
1 Zwiebel
500 g Austernpilze
1 EL Butterschmalz
4 Basilikumzweige
Salz
frisch gemahlener Pfeffer
4 EL Tomaten-Pesto oder Tomatenwürzpaste (Glas)
25 g geriebener Parmesan

Pro Portion:
315 kcal; 13 g Eiweiß; 37 g Kohlenhydrate; 13 g Fett; 13 g Ballaststoffe

1. Die Hirse in einem Sieb kalt abspülen; abtropfen lassen. Die Gemüsebrühe aufkochen. Die Hirse mit Rosmarin, Thymian und Lorbeerblatt dazugeben. 10 Minuten köcheln lassen.

2. In der Zwischenzeit die Paprikaschoten von Samen und Trennwänden befreien, waschen und in Streifen schneiden. Die Selleriestangen waschen, putzen und fein würfeln. Paprika und Sellerie unter die Hirse mischen und alles zusammen 15 Minuten garen.

3. Währenddessen die Zwiebel schälen und würfeln. Die Austernpilze mit Küchenpapier säubern. Die Stiele von den Pilzen entfernen und die Hüte in 5 mm breite Streifen schneiden.

4. Das Butterschmalz in einer Pfanne erhitzen und die Pilze darin 2 Minuten braten, dabei gelegentlich wenden. Die Zwiebel dazugeben und 3 Minuten mitbraten.

5. Das Basilikum waschen und die Blättchen in Streifen schneiden. Die Pilze mit Salz, Pfeffer und Basilikum würzen.

6. Das Tomaten-Pesto unter die Hirse-Gemüse-Mischung rühren, mit Salz und Pfeffer abschmecken. Die Hirsemischung in Suppentellern oder -schalen anrichten, die Pilze darauf verteilen, alles mit Parmesan bestreuen; sofort servieren.

Alternativen

Statt der Austernpilze können Sie Champignons nehmen, und die Hirse lässt sich nach Belieben durch Vollkorn-Langkornreis ersetzen. Den Reis in der Brühe 20 Minuten (statt bei Hirse 10 Minuten) köcheln lassen, dann das Gemüse dazugeben.

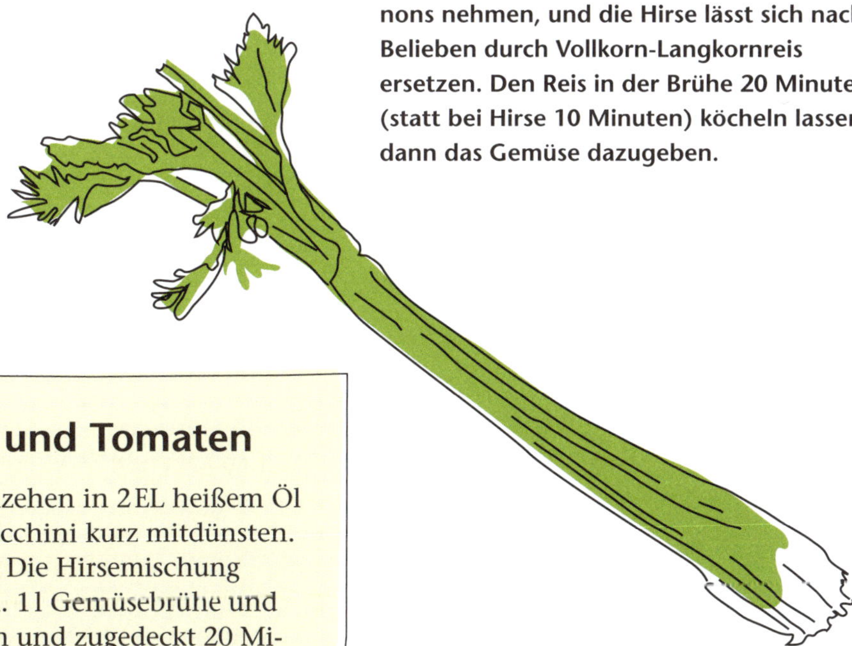

Variante: Hirsetopf mit Auberginen und Tomaten

Eine gewürfelte Zwiebel und zwei gehackte Knoblauchzehen in 2 EL heißem Öl glasig dünsten. Je 200 g gewürfelte Auberginen und Zucchini kurz mitdünsten. 200 g kalt abgespülte, abgetropfte Hirse untermischen. Die Hirsemischung mit Salz, Pfeffer und 2 TL Kräuter der Provence würzen. 1 l Gemüsebrühe und 500 g passierte Tomaten in den Topf gießen; aufkochen und zugedeckt 20 Minuten köcheln lassen. 150 g Schafskäse raspeln oder mit einer Gabel zerdrücken. Das Gericht auf Teller verteilen; jede Portion mit Schafskäse bestreuen.

Zubereiten: 30 Minuten

Möhren-Meerrettich-Topf mit gebratenem Rindfleisch

Für 4 Portionen

- 600 g große, vorwiegend festkochende Kartoffeln
- 600 g Möhren
- 800 ml Rinderbrühe
- 1/2 TL getrocknetes Liebstöckel
- 1/2 TL getrockneter Majoran
- 1 Lorbeerblatt
- 1 rotschaliger Apfel (z. B. Cox Orange)
- 1 EL Butterschmalz
- 300 g Rinderfiletspitzen, in Streifen geschnitten
- Salz
- frisch gemahlener Pfeffer
- ½ TL getrockneter Thymian
- 200 g Meerrettich-Frischkäse (Doppelrahmstufe)

Pro Portion:
540 kcal; 37 g Eiweiß; 36 g Kohlenhydrate; 27 g Fett; 11 g Ballaststoffe

1. Die Kartoffeln schälen und in kleine Würfel (1,5 cm) schneiden. Die Möhren schälen und in 5 mm dicke Scheiben hobeln oder schneiden.

2. Kartoffeln und Möhren mit der Brühe in einen Topf geben. Liebstöckel, Majoran und Lorbeerblatt hinzufügen. Den Topfinhalt aufkochen und das Gemüse zugedeckt 15 Minuten garen.

3. Inzwischen den Apfel waschen und trocken reiben. In Viertel schneiden und das Kerngehäuse entfernen. Die Apfelviertel in kleine Würfel schneiden.

4. Das Butterschmalz in einer Pfanne erhitzen. Die Rinderfiletstreifen darin 2 Minuten kräftig anbraten, zwischendurch wenden. Die Apfelwürfel dazugeben und 1 Minute mitbraten.

5. Die Apfel-Fleisch-Mischung mit Salz, Pfeffer und Thymian würzen. Bei ausgeschalteter Herdplatte kurz ziehen lassen.

6. Den Meerrettich-Frischkäse zur Kartoffelmischung in den Topf geben und unterrühren. Mit Pfeffer und Salz abschmecken.

7. Die Kartoffel-Möhren-Mischung mit dem Sud in Suppenschalen oder -tellern anrichten. Die Apfel-Fleisch-Mischung darauf verteilen. Sofort servieren.

Clever vorbereiten

Kartoffeln und Möhren können Sie am Vortag garen und bis zur weiteren Verwendung im Sud im Kühlschrank aufbewahren. Vor dem Servieren den Eintopf erhitzen und den Meerrettich-Frischkäse einrühren. Die Apfel-Fleisch-Mischung erst kurz vor dem Servieren zubereiten.

Alternative

Wer mag, ersetzt das Filet durch Rinderlende oder -hüftsteak. Beides ist ebenfalls zart und eignet sich bestens zum schnellen Kurzbraten. Weiteres Plus: Es nicht ganz so kostspielig wie das Filetstück.

Variante: Gemüse-Meerrettich-Topf mit Fisch

1 große Möhre in feine Scheiben schneiden, 1 Fenchelknolle klein würfeln und 1 Stange Lauch in Streifen schneiden. Eine gewürfelte Zwiebel in 1 EL Öl glasig dünsten; Gemüse dazugeben und kurz mitdünsten. 1 EL Fischgewürz, 1 Lorbeerblatt und 4 Pimentkörner in den Topf geben. 800 ml Fischfond dazugießen; aufkochen und 10 Minuten köcheln lassen. Inzwischen 500 g Lachsfilet in mundgerechte Stücke schneiden. Mit 2 EL Zitronensaft beträufeln, salzen und pfeffern. 2 TL geriebenen Meerrettich (Glas) und 2 EL Crème fraîche unter den Fond rühren. Die Fischstücke in 6 Minuten in der Suppe gar ziehen lassen. Die Suppe salzen, pfeffern, mit Schnittlauchröllchen bestreuen und servieren.

Zubereiten: 30 Minuten

Französische Zwiebelsuppe

Für 4 Personen
400 g große Zwiebeln
1 Knoblauchzehe
1 EL Butter
1/2 TL Kümmelsamen
2 EL Mehl
1 l Rinderbrühe
250 ml trockener Weißwein (z. B. Riesling)
4 Scheiben Weiß- oder Toastbrot
Salz
frisch gemahlener Pfeffer
frisch geriebene Muskatnuss
2 EL Olivenöl
100 g geriebener Gruyère oder Emmentaler

Pro Portion:
385 kcal; 25 g Eiweiß; 21 g Kohlenhydrate; 22 g Fett; 4 g Ballaststoffe

1. Die Zwiebeln schälen und in feine Ringe hobeln oder schneiden. Knoblauchzehe schälen und fein hacken. Die Butter in einem Topf erhitzen, Zwiebelringe und Knoblauch hineingeben und darin glasig werden lassen. Den Kümmel dazugeben, alles mit Mehl bestäuben und 1 Minute anschwitzen.

2. Die Rinderbrühe und den Weißwein dazugießen, unter Rühren aufkochen und 10 Minuten köcheln lassen, dabei gelegentlich umrühren.

3. Den Grill oder den Backofen auf 250 °C vorheizen. Die Brotscheiben im Toaster rösten. Die Suppe mit Salz, Pfeffer und Muskat abschmecken.

4. Jede Brotscheibe diagonal in vier Stücke teilen. Die Suppe auf ofenfeste Suppentassen verteilen und mit dem Brot bedecken. Das Brot mit dem Olivenöl beträufeln und mit dem Käse bestreuen; etwa 5 Minuten im heißen Ofen goldbraun überbacken. Sofort servieren.

So geht's noch schneller

Wenn Sie eine Zwiebelsuppe mithilfe einer Zwiebelsuppe aus der Tüte zubereiten, sollten Sie diese mit einem Schuss Weißwein verfeinern. Eine frische Note erhält die Suppe, indem Sie zwei in Ringe geschnittene Frühlingszwiebeln unterrühren.

Alternative

Mischen Sie vor dem Überbacken (Schritt 4) noch zwei in Würfel geschnittene Tomaten unter die Suppe. Das sorgt nicht nur für optische Akzente, sondern auch für eine fruchtige Geschmacksnote.

Variante: Cremige Zwiebelsuppe

300 g Zwiebeln schälen und in Ringe schneiden. Diese in 2 EL Butter glasig dünsten. 2 EL Mehl darüberstäuben und unter Rühren kurz anschwitzen. 1 l Gemüsebrühe dazugießen; aufkochen. Zugedeckt 10 Minuten köcheln lassen. Vier zerkleinerte Frühlingszwiebeln in die Brühe geben. 2 Eigelbe mit 75 g Sahne und 100 ml Weißwein verquirlen; die Mischung in die Suppe einrühren. Die Suppe zugedeckt kurz ziehen, aber nicht mehr kochen lassen. Mit Salz, Pfeffer und Muskat abschmecken. Mit Croûtons und Schnittlauch bestreuen.

Zubereiten: 30 Minuten

Klassiker: Minestrone

Für 4 Personen

- 2 kleine Zucchini
- 2 Stangen Sellerie
- 4 Wirsingblätter
- 1 kleine Stange Lauch
- 2 Möhren
- 1 Zwiebel
- 4 EL Olivenöl
- 1,5 l Gemüsebrühe
- 1 Lorbeerblatt
- 1 Rosmarinzweig
- 1 TL getrockneter Oregano
- 2 Tomaten
- 1 Dose Borlottibohnen (Abtropfgewicht 240 g)
- 4 Basilikumzweige
- 125 g kurze Nudeln (z. B. kurze Makkaroni oder Rädchen)
- Salz
- frisch gemahlener Pfeffer
- 4 EL geriebener Parmesan

Pro Portion:
340 kcal; 15 g Eiweiß; 36 g Kohlenhydrate; 15 g Fett; 10 g Ballaststoffe

1. Die Zucchini waschen, die Enden abschneiden und das Fruchtfleisch in 1 cm dicke Scheiben schneiden. Die Selleriestangen waschen, putzen und klein würfeln.

2. Die Wirsingblätter waschen, von den dicken Blattrippen befreien und in Streifen schneiden. Den Lauch putzen, waschen und in Streifen schneiden. Die Möhren schälen und in 5 mm dicke Scheiben hobeln oder schneiden. Die Zwiebel schälen und würfeln.

3. In einem großen Topf 2 EL Olivenöl erhitzen. Die Zwiebel und das Gemüse darin glasig dünsten. Die Gemüsebrühe dazugießen und aufkochen. Lorbeerblatt, Rosmarinzweig und Oregano hinzufügen. Die Suppe zugedeckt 10 Minuten kochen lassen.

4. In der Zwischenzeit die Tomaten mit kochend heißem Wasser übergießen, kalt abschrecken, häuten, von den grünen Stielansätzen befreien und in Würfel schneiden. Die Bohnen in ein Sieb schütten, mit kaltem Wasser abspülen und gut abtropfen lassen. Das Basilikum waschen, die Blättchen abzupfen und in Streifen schneiden.

5. Nudeln und Bohnen in die Suppe geben. Die Nudeln bissfest garen (Packungsangabe beachten). Die Tomatenwürfel untermischen.

6. Die Minestrone mit Salz und Pfeffer abschmecken und auf tiefe Teller oder Suppentassen verteilen. Mit dem restlichen Olivenöl (2 EL) beträufeln, mit Parmesan und Basilikum bestreuen.

Alternativen

Wenn Tomaten keine Saison haben, können Sie stattdessen 200 g geschälte Tomaten aus der Dose oder 2 EL Tomaten-Pesto in die Minestrone geben. Die Borlottibohnen können durch weiße Bohnen ersetzt werden.

Reste verwerten

Bleibt von der Minestrone etwas übrig, so kann sie auch nach zwei Tagen noch bestens aufgewärmt werden. Damit sie wieder flüssig wird, einfach neue Brühe nachgießen.

Quer durch den Gemüsegarten

Die beliebte reichhaltige italienische Gemüsesuppe kann tausendfach abgewandelt werden, je nach Jahreszeit und dem, was das Gemüsefach des Kühlschranks oder der eigene Garten gerade bieten. Ob Wirsing oder Weißkohl, Stangensellerie oder Fenchel, Zucchini oder grüne Bohnen – in die Minestrone passt eigentlich jedes Gemüse. Ein Muss in der Suppe sind allerdings Kräuter und frisch geriebener Parmesan. Sättigend wird die Minestrone durch Komponenten wie Bohnen und Nudeln. Die Nudeln können direkt in der Suppe gegart werden. Wer Reste von bereits gegarten Nudeln hat, der erwärmt sie zum Schluss einfach in der Brühe.

Zubereiten: 30 Minuten

Schnelle Bouillabaisse

Für 4 Personen

- 3 Schalotten
- 3 Knoblauchzehen
- 1 Fenchelknolle
- 1 kleine Stange Lauch
- 1 TL Fenchelsamen
- 4 EL Olivenöl
- 1 TL getrockneter Thymian
- 1 TL Tomatenmark
- 800 ml Fischfond
- 200 ml Gemüsebrühe
- 200 ml trockener Weißwein
- 1 Lorbeerblatt
- 2 Messerspitzen gemahlener Safran
- 750 g Fischfilets (z. B. Rotbarbe, Seeteufel, Petersfisch, Wolfsbarsch)
- abgeriebene Schale von 1 unbehandelten Zitrone
- abgeriebene Schale von 1/2 unbehandelten Orange
- 1 EL Zitronensaft
- 2 Tomaten
- Salz
- frisch gemahlener Pfeffer
- 2 EL Anisschnaps (z. B. Pernod)

Pro Portion:
300 kcal; 34 g Eiweiß; 5 g Kohlenhydrate; 16 g Fett; 3 g Ballaststoffe

1. Schalotten schälen und würfeln. Knoblauch schälen und fein hacken. Fenchelknolle putzen, waschen und halbieren. Die Fenchelhälften in feine Streifen hobeln oder schneiden. Den Lauch putzen, waschen und in feine Streifen schneiden. Die Fenchelsamen im Mörser zerstoßen.

2. Das Olivenöl in einem Topf erhitzen und die Schalottenwürfel darin glasig dünsten. Knoblauch, Fenchelsamen, Thymian, Fenchel, Lauch und Tomatenmark hinzufügen und kurz mitdünsten.

3. Fischfond, Gemüsebrühe und Weißwein in den Topf gießen. Lorbeerblatt und Safran dazugeben. Den Topfinhalt aufkochen und 10 Minuten zugedeckt köcheln lassen.

4. In der Zwischenzeit die Fischfilets mit Küchenpapier trocken tupfen und in etwa 4 cm große Stücke schneiden. Mit Zitronen- und Orangenschale bestreuen, mit Zitronensaft beträufeln. Die Tomaten waschen, von den grünen Stielansätzen befreien und in Würfel schneiden.

5. Die Suppe mit Salz, Pfeffer und Anisschnaps abschmecken. Fisch und Tomatenwürfel untermischen; in 6 Minuten gar ziehen lassen. Sofort servieren.

Das schmeckt dazu

In Frankreich wird zur Bouillabaisse warmes Baguette und Rouille, eine scharfe Mayonnaise, serviert. Rouille gibt es fertig zu kaufen. Aus 150 g Mayonnaise, zwei zerdrückten Knoblauchzehen, etwas gemahlenem Safran und Cayennepfeffer lässt sie sich aber auch rasch selbst herstellen.

So geht's noch schneller

Mit einer feinen Micro-Reibe lassen sich die Schalen von Zitrusfrüchten ganz schnell abreiben. Wer gar keine Zeit hat, kann fertig geriebene Zitronen- und Orangenschale (Supermarkt/Backwarenregal) verwenden.

Variante: Fischtopf mit Seelachs

1 Zwiebel schälen und würfeln, 500 g Zucchini in 1 cm große Würfel schneiden, 75 g getrocknete Tomaten grob zerkleinern, 3 Selleriestangen fein würfeln und 1 Möhre schälen und in Scheiben schneiden. Alles in 2 EL Öl dünsten, bis die Zwiebel glasig ist. 2 TL Fisch-Gewürzmischung und 1 l Gemüsebrühe hinzufügen; aufkochen und 10 Minuten köcheln lassen. 600 g Seelachsfilet in mundgerechte Stücke schneiden, mit 1 EL Zitronensaft beträufeln; salzen und pfeffern. Zugedeckt in der Brühe 6 Minuten ziehen lassen. Die Suppe abschmecken.

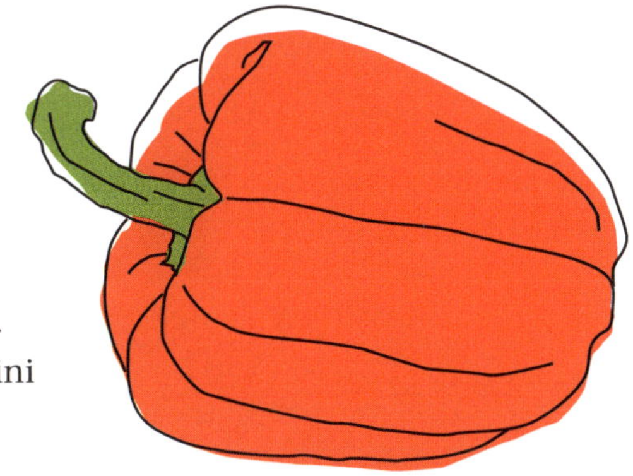

Zubereiten: 30 Minuten

Couscous mit Hähnchen

Für 4 Personen

- 1 Zwiebel
- 2 Knoblauchzehen
- 500 g Zucchini
- 2 Stangen Sellerie
- 2 rote Paprikaschoten
- 4 EL Olivenöl
- 2 EL Tomatenmark
- 1 EL Harissapulver oder -paste (siehe rechts)
- 2 TL gemahlener Kreuzkümmel
- 1/4 TL gemahlener Zimt
- 500 ml Gemüsebrühe
- 250 g Couscous
- 3 Petersilienstängel
- 1 Minzezweig
- 400 g gebratenes Hähnchenbrustfilet oder anderes gegartes Hähnchenfleisch (ohne Haut)
- Salz
- frisch gemahlener Pfeffer
- 2 EL Zitronensaft

Pro Portion:
445 kcal; 33 g Eiweiß; 50 g Kohlenhydrate; 12 g Fett; 12 g Ballaststoffe

1. Zwiebel schälen und würfeln. Knoblauch schälen und fein hacken. Zucchini waschen und putzen, längs halbieren und in 1 cm dicke Stücke schneiden. Selleriestangen waschen, putzen und fein würfeln. Paprika von Samen und Trennwänden befreien, waschen und in Streifen schneiden.

2. In einem Topf 2 EL Olivenöl erhitzen. Zwiebelwürfel und Knoblauch darin glasig dünsten. Zucchini, Sellerie und Paprika dazugeben und kurz mitdünsten. Das Tomatenmark unterrühren.

3. Gemüsemischung mit Harissa, Kreuzkümmel und Zimt würzen. Die Brühe dazugießen; aufkochen und das Gemüse zugedeckt 10 Minuten garen.

4. Währenddessen den Couscous mit 500 ml kochendem Wasser übergießen und 3–5 Minuten (Packungsangabe beachten) quellen lassen.

5. Petersilie waschen; die Blättchen fein hacken. Minze waschen; die Blättchen in Streifen schneiden. Das Hähnchenbrustfilet in 1,5 cm große Stücke schneiden.

6. Couscous und Fleisch zum Gemüse geben; in 5 Minuten darin heiß werden lassen. Das Gericht mit Salz, Pfeffer, Petersilie und Minze würzen. Zitronensaft und das restliche Olivenöl (2 EL) unterrühren.

Harissa für feurige Schärfe

Harissa ist eine scharfe Würzmischung aus Nordafrika, die in Form von Pulver oder Paste angeboten wird. Am besten, Sie reichen Harissapulver (angerührt mit etwas Olivenöl und einem Spritzer Zitronensaft) oder Harissapaste bei Tisch zu dem Gericht dazu. So kann jeder individuell nachwürzen.

Variante: Tomaten-Couscous mit roten Zwiebeln

500 g gewürfelte Auberginen in 3 EL heißem Olivenöl 5 Minuten braten, dabei gelegentlich umrühren. Zwei gehackte Knoblauchzehen und 1 EL Ras-el-Hanout (oder eine andere orientalische Gewürzmischung) unterrühren. 800 g gehackte Tomaten (Dose) hinzufügen. Alles aufkochen und zugedeckt 12 Minuten köcheln lassen. Inzwischen in einer Pfanne zwei in Streifen geschnittene rote Zwiebeln in 4 EL Olivenöl rösten. 250 g Couscous mit 500 ml kochendem Wasser übergießen und 5 Minuten quellen lassen. Couscous unter die Tomatenmischung rühren; alles noch 3 Minuten erhitzen. Mit Salz und Pfeffer abschmecken. Tomaten-Couscous mit den gerösteten Zwiebeln bestreuen. Nach Belieben pikante Merguezwürstchen und Harissa dazu reichen.

Zubereiten: 30 Minuten

Ungarische Gulaschsuppe

Für 4 Personen

- 400 g große Zwiebeln
- 1 EL Schweineschmalz
- 500 g Kalbfleisch (Schulter), in 1,5 cm großen Würfeln
- 2 EL edelsüßes Paprikapulver
- 1 TL Kümmel
- 2 TL scharfes Paprikapulver
- 1 TL Majoran
- Salz
- frisch gemahlener Pfeffer
- 2 EL Tomatenmark
- 400 g große, vorwiegend festkochende Kartoffeln
- je 1 rote und gelbe Paprikaschote
- 1,25 l Rinderbrühe
- 2 Knoblauchzehen
- abgeriebene Schale von 1/2 unbehandelten Zitrone

Pro Portion:
445 kcal; 46 g Eiweiß; 25 g Kohlenhydrate; 18 g Fett; 9 g Ballaststoffe

1. Die Zwiebeln schälen, halbieren und in halbe Ringe hobeln oder schneiden. Währenddessen das Schmalz im Schnellkochtopf erhitzen und das Fleisch darin 2 Minuten kräftig anbraten. Die Zwiebeln hinzufügen und 3 Minuten mitbraten, dabei immer wieder umrühren.

2. Mit edelsüßem Paprikapulver, Kümmel, scharfem Paprikapulver, Majoran, Salz und Pfeffer würzen. Tomatenmark und 150 ml Wasser unterrühren und alles bei schwacher Hitze zugedeckt, aber ohne Druck, etwa 5 Minuten schmoren.

3. In der Zwischenzeit die Kartoffeln schälen und in etwa 1,5 cm große Würfel schneiden. Die Paprikaschoten putzen, waschen, längs vierteln und in 5 mm breite Streifen schneiden. Kartoffeln und Paprika in den Topf geben. Mit der Brühe aufgießen und den Topf nach Vorschrift verschließen.

4. Den Topfinhalt erhitzen und auf der Schnellkochstufe (2. Ring) 10 Minuten garen. Topf von der Kochstelle nehmen; erst öffnen, wenn er drucklos ist.

5. Während das Gulasch gart, die Knoblauchzehen schälen, grob zerkleinern, mit Salz bestreuen und mit dem Messerrücken zu einem feinen Mus zerdrücken. Zitronenschale und Knoblauchmus in die Gulaschsuppe rühren.

Im herkömmlichen Topf garen

Wer die Gulaschsuppe im normalen Topf zubereitet, muss in Schritt 4 eine Garzeit von 45 Minuten (statt 10 Minuten im Schnellkochtopf) einplanen.

Das schmeckt dazu

Servieren Sie zu der Gulaschsuppe saure Sahne. Davon kann sich jeder so viel auf die Suppe geben, wie er mag. Außerdem passt rustikales Bauernbrot dazu.

Variante: Kartoffel-Paprika-Gulasch

1 Gemüsezwiebel schälen und würfeln, 750 g Kartoffeln (vorwiegend festkochend) schälen und in 1 cm große Würfel schneiden. Zwiebelwürfel in 2 EL Öl glasig dünsten; Kartoffeln 2 Minuten mitdünsten. 500 ml Gemüsebrühe dazugießen; aufkochen lassen und zugedeckt 10 Minuten köcheln lassen. 2 große Paprikaschoten putzen, in Streifen schneiden und 8 Minuten mitgaren. 2 Knoblauchzehen fein zerdrücken. Mit 2 EL Tomatenmark, 4 EL Ajvar und 1 EL Olivenöl unter das Gulasch rühren. Gulasch mit Kräutersalz, Pfeffer, 2 TL edelsüßem Paprikapulver und 2 TL Rotweinessig abschmecken. Nach Belieben 250 g Kabanossi (in Scheiben) oder andere würzige Würstchen im Eintopf erhitzen.

Zubereiten: 25 Minuten

Russischer Borschtsch

Für 4 Personen

- 2 Zwiebeln
- 2 Knoblauchzehen
- 2 EL Öl
- 500 g Rindfleisch (Schulter), in 1,5 cm großen Würfeln
- 100 g durchwachsener Räucherspeck (am Stück, mit Schwarte)
- 1,25 l Rinderbrühe
- 250 g Knollensellerie
- 250 g Weißkohl
- 1 Stange Lauch
- 2 Gewürznelken
- 2 Lorbeerblätter
- 400 g gegarte, geschälte Rote Bete
- 4 Dillzweige
- Salz
- frisch gemahlener Pfeffer
- 3 EL Rotweinessig
- 1 Messerspitze Zucker
- 200 g saure Sahne

Pro Portion:
460 kcal; 35 g Eiweiß; 14 g Kohlenhydrate; 29 g Fett; 7 g Ballaststoffe

1. Die Zwiebeln schälen und würfeln. Den Knoblauch schälen und fein hacken. Das Öl im Schnellkochtopf erhitzen. Zwiebeln und Knoblauch unter Rühren darin kurz dünsten.

2. Das Rindfleisch dazugeben und kurz mitbraten, dann den Speck und 250 ml Rinderbrühe hinzufügen. Die Fleischmischung zugedeckt, aber ohne Druck 10 Minuten schmoren.

3. In der Zwischenzeit den Sellerie schälen und grob reiben. Den Weißkohl putzen, waschen und in feine Streifen schneiden. Den Lauch putzen, waschen und in Streifen schneiden.

4. Das Gemüse mit Nelken und Lorbeerblättern in den Topf geben und die restliche Brühe dazugießen. Den Topf nach Vorschrift verschließen. Den Topfinhalt erhitzen und auf der Schnellkochstufe (2. Ring) 15 Minuten garen.

5. Währenddessen die Rote Bete in 1 cm große Würfel schneiden. Den Dill waschen, die Spitzen von den Stielen zupfen und fein hacken. Den Schnellkochtopf von der Kochstelle nehmen; erst öffnen, wenn er drucklos ist.

6. Lorbeerblätter, Nelken und Speck aus dem Topf nehmen. Die Rote Bete in den Topf geben, unterrühren und erwärmen. Den Speck von der Schwarte befreien und klein schneiden. Die Speckwürfel unter den Eintopf rühren.

7. Den Borschtsch mit Salz, Pfeffer, Essig und Zucker abschmecken. Die Dillspitzen unterrühren. Den Eintopf mit der sauren Sahne servieren.

Im herkömmlichen Topf garen

Wer den Borschtsch im normalen Topf zubereitet, muss in Schritt 4 eine Garzeit von 1 Stunde (statt 15 Minuten im Schnellkochtopf) einplanen.

Variante: Russische Kohlsuppe mit Pilzen

20 g getrocknete Steinpilze kalt abspülen und in 250 ml Wasser 25 Minuten einweichen. Eine gewürfelte Zwiebel in 1 EL Butterschmalz glasig dünsten. 200 g Weißkohlstreifen, 200 g geriebenenen Knollensellerie und eine in Streifen geschnittene Stange Lauch kurz mitdünsten. Alles mit 1/2 TL Kümmelsamen, 1 Lorbeerblatt und Kräutersalz würzen; 500 ml Gemüsebrühe dazugießen und 10 Minuten köcheln lassen. 250 g Sauerkraut untermischen; 5 Minuten mitgaren. Pilze zerkleinern. Einweichwasser durch ein feinmaschiges Sieb gießen, mit den Pilzen in die Suppe geben; 5 Minuten garen. 250 ml Sauerkrautsaft dazugießen; aufkochen lassen. Mit einer zerdrückten Knoblauchzehe würzen. Saure Sahne dazu reichen.

Zubereiten: 30 Minuten

Chinesischer Hühnertopf

Für 4 Personen

- 4 cm frischer Ingwer (etwa 20 g)
- 2 Knoblauchzehen
- 2 Möhren
- 200 g Chinakohl
- 400 g Hähnchenbrustfilet
- 1 getrocknete Chilischote
- 1,5 l Hühnerbrühe
- 200 g Shiitakepilze
- 80 g chinesische Eiernudeln
- 4 Frühlingszwiebeln
- Salz
- frisch gemahlener Pfeffer
- 1/2 TL Zucker
- 2 EL Reis- oder Sherryessig
- 2 EL Sojasauce
- 100 g abgetropfte Bambussprossen (Glas)
- 100 g abgetropfte Sojabohnenkeimlinge (Glas)
- 2 EL Sesamöl

Pro Portion:
495 kcal; 52 g Eiweiß; 28 g Kohlenhydrate; 20 g Fett; 7 g Ballaststoffe

1. Den Ingwer schälen und fein würfeln. Den Knoblauch schälen und fein hacken. Die Möhren putzen, schälen und in feine Streifen schneiden. Den Chinakohl waschen, putzen und in Streifen schneiden. Die Hähnchenbrustfilets in Streifen schneiden.

2. Die Hühnerbrühe in einem Topf zum Kochen bringen. Knoblauch, Ingwer, Gemüse, Hähnchenstreifen und Chilischote hinzufügen; alles zugedeckt 4 Minuten köcheln lassen.

3. Inzwischen die Shiitakepilze mit Küchenpapier abreiben; die harten Stiele entfernen. Pilzhüte in Streifen schneiden; mit den Nudeln in die Brühe geben. Alles noch 3–4 Minuten (Angabe auf der Nudelpackung beachten) köcheln lassen.

4. Frühlingszwiebeln putzen, waschen und in feine Ringe schneiden. Den Eintopf mit Salz, Pfeffer, Zucker, Essig und Sojasauce würzen.

5. Die Bambussprossen und die Sojabohnenkeimlinge in den Eintopf geben und erhitzen. Frühlingszwiebeln und Sesamöl unterrühren. Den Hühnertopf servieren.

Alternativen

Statt der chinesischen Eiernudeln können Sie Glasnudeln verwenden. Diese in kaltem Wasser einweichen und dann in die Suppe geben. Auch sogenannte Woknudeln sind eine schnelle Alternative. Beachten Sie stets die auf der Packung angegebenen Garzeiten.

So geht's noch schneller

Wer in großer Eile ist, kann statt frischem Gemüse und Pilzen eine fertige TK-Chinagemüse-Mischung nehmen.

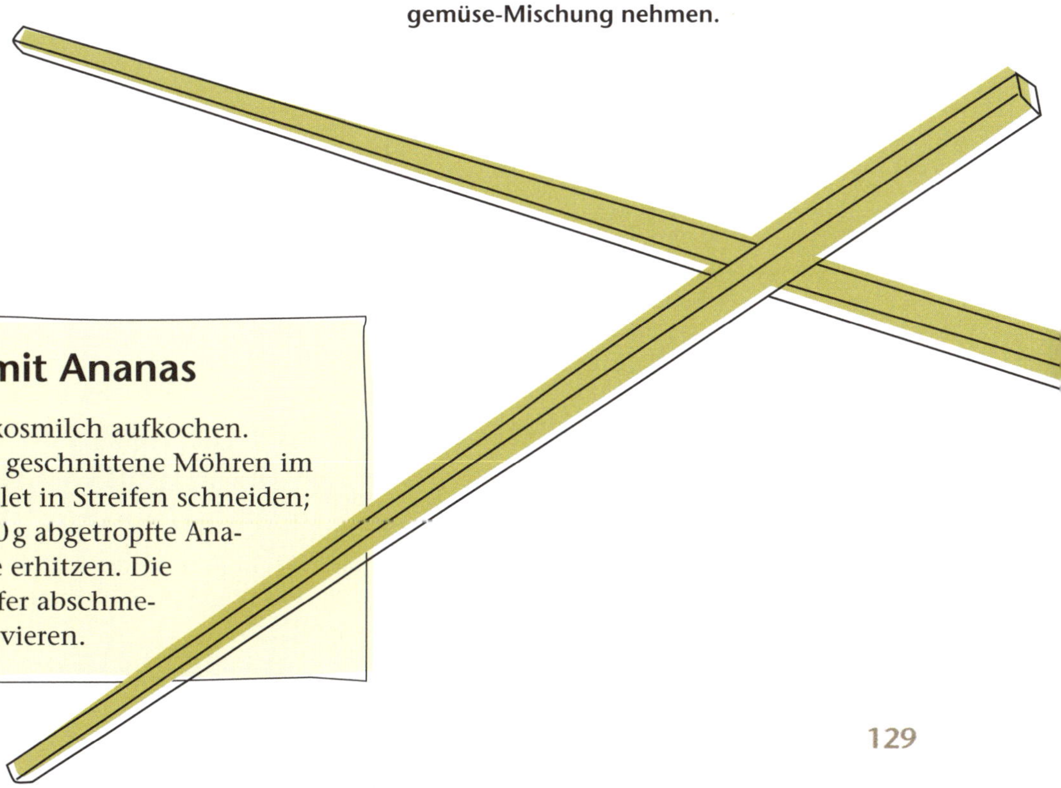

Variante: Süßsaure Hühnersuppe mit Ananas

In einem Topf 750 ml Hühnerbrühe und 400 ml Kokosmilch aufkochen. 2 EL rote Currypaste unterrühren. 500 g in Scheiben geschnittene Möhren im Currysud 10 Minuten garen. 250 g Hähnchenbrustfilet in Streifen schneiden; hinzufugen und in 7 Minuten gar ziehen lassen. 150 g abgetropfte Ananasstücke (Dose) und 50 ml Ananassaft in der Suppe erhitzen. Die Suppe mit 4 EL süßer Chilisauce sowie Salz und Pfeffer abschmecken. Mit Frühlingszwiebelringen bestreuen und servieren.

Zubereiten: 30 Minuten

Thailändische Suppe mit Huhn

Für 4 Personen

- 5 cm frischer Ingwer (etwa 25 g)
- 4 cm frischer Galgant
- 2 Stängel Zitronengras
- 1 Schalotte
- 1 rote Thai-Chilischote
- 1 grüne Thai-Chilischote
- 1 l Hühnerbrühe
- 2 Kaffirlimettenblätter
- 200 g Egerlinge
- 400 g Hähnchenbrustfilet
- Salz
- frisch gemahlener Pfeffer
- 2 TL Speisestärke
- 400 ml Kokosmilch
- 3 EL Limettensaft
- 2 Frühlingszwiebeln

Pro Portion:
280 kcal; 40 g Eiweiß; 7 g Kohlenhydrate; 10 g Fett; 2 g Ballaststoffe

1. Ingwer und Galgant waschen und ungeschält in Scheiben schneiden. Zitronengras in Scheiben schneiden.

2. Die Schalotte schälen und grob würfeln. Die Chilischoten waschen, längs halbieren und je nach gewünschtem Schärfegrad von Samen und Trennwänden befreien.

3. Die Hühnerbrühe in einem Topf aufkochen. Ingwer, Galgant, Zitronengras, Schalotte, Chilischoten und Kaffirlimettenblätter hineingeben. Die Brühe zugedeckt 15 Minuten bei schwacher Hitze köcheln lassen.

4. In der Zwischenzeit die Pilze putzen und in feine Scheiben schneiden. Die Hähnchenbrustfilets in feine Streifen schneiden, mit Salz und Pfeffer würzen und mit der Speisestärke bestäuben.

5. Die Brühe durch ein Sieb in einen anderen Topf gießen. Die Kokosmilch unterrühren und die Mischung aufkochen. Hähnchenbruststreifen und Pilze in die Kokos-Brühe geben und bei schwacher Hitze zugedeckt in 7 Minuten gar ziehen lassen.

6. Frühlingszwiebeln putzen, waschen und in Ringe schneiden. Die Suppe mit Salz, Pfeffer und Limettensaft abschmecken; Frühlingszwiebeln unterrühren.

So geht's noch schneller

Die Würzzutaten (Ingwer, Galgant, Chilischoten, Kaffirlimettenblätter, Zitronengras) für die Thailändische Suppe „tom kha gai“ gibt es häufig in Asienläden schon abgepackt zu kaufen. Noch schneller ist die Suppe zubereitet, wenn Sie eine fertige Würzpaste (tom kha) verwenden.

Das schmeckt dazu

Servieren Sie Duftreis zu der Suppe, wie in Thailand üblich. Den Reis können Sie garen, während die Suppe köchelt. Oder vorgegarten Jasminreis aus der Packung in wenigen Minuten nach Packungsangabe erhitzen.

Variante: Thailändische Suppe mit Garnelen

1 l Hühnerbrühe und 400 ml Kokosmilch erhitzen. 4 TL rote Currypaste unterrühren. 400 g gegarte Garnelen zugeben; 3 Minuten bei schwacher Hitze ziehen lassen. Die Suppe mit 3 EL Limettensaft, 2 EL Fischsauce, Salz und Pfeffer abschmecken. Nach Belieben mit gehacktem Koriander oder gehackter Petersilie bestreuen.

Zubereiten: 30 Minuten

Indischer Currytopf mit Reis

Für 4 Personen

- 2 Zwiebeln
- 2 Knoblauchzehen
- 3 cm frischer Ingwer (etwa 15 g)
- 2 EL Öl
- 1 säuerlicher Apfel
- 1/4 TL gemahlener Koriander
- 2 EL mildes Currypulver
- 60 g Mandelstifte
- 150 g Basmatireis
- 1,25 l Hühnerbrühe
- 400 g gebratenes Hähnchenbrustfilet oder anderes gegartes Hähnchenfleisch (ohne Haut)
- 150 g Sahne
- frisch gemahlener Pfeffer
- Salz
- Cayennepfeffer
- 4 EL Mangochutney
- 2 Stängel Koriandergrün

Pro Portion:
670 kcal; 49 g Eiweiß; 37 g Kohlenhydrate; 36 g Fett; 5 g Ballaststoffe

1. Die Zwiebeln schälen und würfeln. Den Knoblauch schälen und fein hacken. Den Ingwer schälen und fein reiben. Das Öl in einem Topf erhitzen und die Zwiebelwürfel darin glasig dünsten. In der Zwischenzeit den Apfel schälen und grob reiben.

2. Knoblauch, Ingwer und Apfelraspel zu den Zwiebeln geben und kurz mitdünsten. Mit Koriander und Currypulver würzen. 40 g Mandelstifte und den Reis untermischen. Die Hühnerbrühe dazugießen und aufkochen. 10 Minuten bei schwacher Hitze köcheln lassen.

3. In der Zwischenzeit die restlichen Mandelstifte in einer Pfanne ohne Fett rösten. Das Hähnchenfleisch in mundgerechte Stücke schneiden.

4. Die Sahne unter die Reismischung rühren. Alles 5 Minuten köcheln lassen. Das Ganze mit Pfeffer, Salz und Cayennepfeffer abschmecken.

5. Das Hähnchenfleisch und 2 EL Mangochutney unter die Reismischung rühren und erhitzen. Koriandergrün waschen und die Blättchen abzupfen.

6. Den Currytopf auf vier Schalen verteilen. Das restliche Mangochutney (2 EL) daraufgeben und alles mit den gerösteten Mandelstiften und Korianderblättchen bestreuen.

Alternative

Statt mit Koriandergrün können Sie den Currytopf auch mit Petersilie bestreuen.

Clever vorbereiten

Wer das Gericht vorbereiten möchte, stellt es bis zum 3. Zubereitungsschritt fertig. Das kann schon am Vortag geschehen. Vor dem Servieren Sahne und Hähnchenfleisch untermischen; die Mischung erhitzen. Falls nötig, noch etwas Hühnerbrühe dazugießen. Das Gericht wie beschrieben abschmecken.

Variante: Indischer Currytopf mit Gemüse

2 Zwiebeln, 2 Knoblauchzehen und 3 cm frischen Ingwer schälen und würfeln bzw. fein zerkleinern. Die Zwiebeln in 2 EL Öl glasig dünsten, dann die anderen Zutaten und 2 EL mildes Currpulver kurz mitdünsten. Eine in Ringe geschnittene Stange Lauch und zwei fein gewürfelte Kartoffeln in den Topf geben und kurz mit den Gewürzen anbraten, falls nötig noch etwas Öl dazugeben. Alles mit 1 l Gemüsebrühe aufgießen; zum Kochen bringen und etwa 10 Minuten köcheln lassen, bis die Kartoffeln weich sind. Nach 5 Minuten 220 g abgetropfte Zuckermaiskörner (Dose) und 40 g Cashewkerne untermischen. 50 g Sahne dazugießen. Den Currytopf mit Zitronensaft, Salz, Pfeffer und Muskat abschmecken; mit gehackten Cashewkernen und Frühlingszwiebelringen bestreuen.

Zubereiten: 30 Minuten

Vietnamesische Nudelsuppe „Pho“

Für 4 Personen

- 5 cm frischer Ingwer (etwa 25 g)
- 1 Knoblauchzehe
- 1 l Rinderbrühe
- 2 Sternanis
- 4 Gewürznelken
- 1 kleine Zimtstange
- 1/2 TL Koriandersamen
- 1 EL Sojasauce
- 2 Frühlingszwiebeln
- 4 Minzezweige
- 4 Stängel Koriandergrün oder Petersilie
- 1 Limette
- 60 g Reis- oder Woknudeln (ohne Einweichen)
- 2 EL Öl
- 250 g Rinderfiletspitzen, in feinen Streifen
- Salz
- frisch gemahlener Pfeffer
- 100 g abgetropfte Sojabohnenkeimlinge (Glas)
- 2 EL Fischsauce

Pro Portion:
300 kcal; 35 g Eiweiß; 14 g Kohlenhydrate; 12 g Fett; 2,5 g Ballaststoffe

1. Den Ingwer waschen und ungeschält in Scheiben schneiden. Die ungeschälte Knoblauchzehe halbieren. Rinderbrühe, Ingwer, Knoblauch, Sternanis, Nelken, Zimtstange, Koriandersamen und die Sojasauce in einen großen Topf geben und zum Kochen bringen. Halb zugedeckt 15 Minuten kochen lassen.

2. In der Zwischenzeit die Frühlingszwiebeln waschen, putzen und fein zerkleinern. Minze und Koriandergrün waschen und die Blättchen in feine Streifen schneiden. Die Limette vierteln.

3. Die Brühe durch ein Sieb gießen und erneut erhitzen. Die Nudeln darin in wenigen Minuten (Packungsangabe beachten) garen. In der Zwischenzeit das Öl in einer Pfanne erhitzen und die Fleischstreifen darin unter Rühren 1 Minute anbraten. Salzen, pfeffern und kurz ziehen lassen.

4. Das Fleisch, die gut abgetropften Sojabohnenkeimlinge, die Kräuter und die Frühlingszwiebeln auf die vorgewärmten Suppenschalen verteilen.

5. Die Nudelsuppe mit Salz, Pfeffer und Fischsauce abschmecken und kochend heiß über das Fleisch und die anderen Zutaten schöpfen. Sofort servieren. Die Limettenviertel dazu reichen.

Das schmeckt dazu

Stellen Sie ein Schälchen mit Würzsauce zum Dippen mit auf den Tisch. Sie lässt sich aus 4 EL Fischsauce, 5 EL Zitronensaft, 5 EL Wasser, 1/2 TL Zucker, zwei zerdrückten Knoblauchzehen, 1/2 oder einer in Ringe geschnittenen roten Chilischote sowie einer zerkleinerten Frühlingszwiebel und vier in Streifen geschnittenen Koriander- oder Petersilienblättern schnell zusammenrühren.

Variante: Nudelsuppe mit Tofu

1 Möhre und 1 kleine Kohlrabiknolle schälen und in dünne Stifte schneiden. 800 ml Gemüsebrühe in einem Topf aufkochen. Die Gemüsestifte dazugeben und 5 Minuten garen. 60 g Reis- oder Woknudeln in der Suppe nach Packungsangabe weich werden lassen. 1 Minute bevor die Nudeln weich sind, 125 g gewürfelten Tofu in die Suppe geben. Die Suppe nach Belieben mit etwas Sojasauce abschmecken und mit Frühlingszwiebelringen bestreuen. Wer mag, kann noch eine Handvoll frische Sprossen (z. B. Mungobohnensprossen) kurz vor dem Servieren in die Suppe geben.

Zubereiten: 30 Minuten

Orientalischer Lammtopf mit Linsen

Für 4 Personen

- 300 g Tellerlinsen
- 1 Möhre
- 1 Zwiebel
- 1 Knoblauchzehe
- 4 EL Olivenöl
- 400 g Lammfleisch (Keule), in 1,5 cm großen Würfeln
- 1 TL gemahlener Kreuzkümmel
- 1/2 TL gemahlener Koriander
- 1/2 TL gemahlener Ingwer
- 1/4 TL gemahlener Kardamom
- 1 Dose gehackte Tomaten (400 g)
- 800 ml Gemüsebrühe
- 1 Dose Kichererbsen (Abtropfgewicht 280 g)
- 4 Dillzweige
- 150 g Joghurt
- Salz
- frisch gemahlener Pfeffer
- Cayennepfeffer
- 2 EL Zitronensaft

Pro Portion:
610 kcal; 55 g Eiweiß; 55 g Kohlenhydrate; 18 g Fett; 13 g Ballaststoffe

1. Die Linsen waschen und in einem Sieb abtropfen lassen. Die Möhre schälen und in kleine Würfel schneiden. Die Zwiebel schälen und ebenfalls in kleine Würfel schneiden. Den Knoblauch schälen und fein hacken.

2. Im Schnellkochtopf 2 EL Öl erhitzen. Das Fleisch darin kurz anbraten, dann die Zwiebelwürfel kurz mitbraten. Alles mit Kreuzkümmel, Koriander, Ingwer, Kardamom und Knoblauch würzen.

3. Möhren, Linsen und Tomaten untermischen. Die Brühe dazugießen und den Topf nach Vorschrift verschließen. Den Topfinhalt erhitzen und auf der Schnellkochstufe (2. Ring) 10 Minuten garen.

4. In der Zwischenzeit die Kichererbsen abtropfen lassen. Den Dill waschen und die Spitzen abzupfen. Den Joghurt cremig rühren und mit Salz und Pfeffer würzen. Die Dillspitzen unterrühren.

5. Den Topf erst öffnen, sobald er drucklos ist. Die Kichererbsen unter den Eintopf rühren und erhitzen. Das Gericht mit Salz, Pfeffer, Cayennepfeffer und Zitronensaft abschmecken; mit dem restlichen Olivenöl (2 EL) beträufeln. Dill-Joghurt dazu servieren.

Clever vorbereiten

Das Linsengericht können Sie einen Tag vorher zubereiten und dann kühl stellen. Durchgezogen schmeckt es besonders gut.

Das schmeckt dazu

Reichen Sie zu dem Linsengericht Fladenbrot. Am besten schmeckt es, wenn es vor dem Servieren kurz aufgebacken und warm serviert wird.

Im herkömmlichen Topf garen

Wer die Suppe im normalen Topf kocht, muss in Schritt 3 eine Garzeit von 45 Minuten (statt 10 Minuten im Schnellkochtopf) einplanen.

Variante: Linsensuppe mit Ingweröl

250 g rote Linsen in einem Sieb kalt abspülen und abtropfen lassen. Eine gewürfelte Zwiebel und zwei gehackte Knoblauchzehen in 1 EL heißem Öl glasig dünsten. 300 g geraspelte Möhren und die Linsen kurz mitdünsten. Mit je 1/2 TL gemahlenem Kreuzkümmel und gemahlenen Bockshornkleesamen sowie 1 Lorbeerblatt würzen. 1,25 l Gemüsebrühe dazugießen; aufkochen. Die Linsen bei schwacher Hitze 10 Minuten köcheln lassen. Mit Pfeffer, Salz, Cayennepfeffer und 2 EL Zitronensaft abschmecken. Die Suppe mit 2 EL Ingweröl beträufeln und mit 1 EL gehackter Petersilie bestreuen. Statt Ingweröl zu nehmen, kann man 2 EL Rapsöl mit 1/2 TL geriebenem frischem Ingwer verrühren.

Zubereiten: 30 Minuten

Chili con Carne

Für 4 Personen

- 1 große Zwiebel
- 1 Knoblauchzehe
- 2 EL Öl
- 400 g Rinderhackfleisch
- 1 1/2 TL getrockneter Oregano
- 1 EL Chilipulver
- 1/2 TL gemahlener Kreuzkümmel
- Salz
- frisch gemahlener Pfeffer
- 1 EL Tomatenmark
- 1 Dose gehackte Tomaten (400 g)
- 750 ml Gemüsebrühe
- 2 Dosen rote Kidneybohnen (Abtropfgewicht je 255 g)
- 4 Stängel Koriandergrün oder Petersilie
- Cayennepfeffer

Pro Portion:
310 kcal; 28 g Eiweiß; 15 g Kohlenhydrate; 15 g Fett; 8 g Ballaststoffe

1. Die Zwiebel schälen, halbieren und in feine halbe Ringe schneiden. Knoblauch schälen und fein hacken. Das Öl in einem großen Topf erhitzen. Das Hackfleisch darin 2 Minuten bei starker Hitze anbraten, dabei mit einem Kochlöffel krümelig rühren.

2. Die Zwiebelringe zum Hackfleisch geben und 2 Minuten mitbraten. Die Fleischmischung mit Oregano, Chilipulver, Kreuzkümmel, Knoblauch, Salz und Pfeffer würzen.

3. Das Tomatenmark unterrühren. Die Tomaten und die Gemüsebrühe hinzufügen. Den Topfinhalt unter gelegentlichem Rühren aufkochen, dann zugedeckt 10 Minuten köcheln lassen.

4. Die Bohnen aus den Dosen in ein Sieb schütten, kalt abspülen und abtropfen lassen. In den Topf geben und 10 Minuten mitköcheln lassen.

5. Koriander oder Petersilie waschen und die Blättchen fein hacken. Das Chili con Carne mit Cayennepfeffer abschmecken, mit den gehackten Kräutern bestreuen und servieren.

Das schmeckt dazu

Tortilla-Chips und cremig gerührte saure Sahne oder auch aufgebackene Weizen- oder Mais-Tortillas passen zum Chili. Tortillas gibt es vakuumverpackt in gut sortierten Supermärkten zu kaufen; sie werden in der Pfanne oder im Backofen erwärmt.

Extrawürze

Eine authentische Geschmacksnote bekommt das Chili, wenn Sie es kurz vor dem Servieren noch mit gemahlenem Zimt und geriebener Bitterschokolade abschmecken.

Variante: Mexikanischer Mais-Bohnen-Topf

1 Zwiebel und 2 Knoblauchzehen schälen und würfeln. 2 Selleriestangen und 2 rote Paprikaschoten putzen und ebenfalls würfeln. Alles in 2 EL heißem Öl dünsten. Mit 2 EL Chili-con-Carne-Gewürzmischung bestreuen. 500 g passierte Tomaten, 500 ml Gemüsebrühe und 1 getrocknete Chilischote dazugeben; 10 Minuten köcheln lassen. 570 g abgetropfte Maiskörner (Dose) und 250 g kalt abgespülte, abgetropfte rote Kidneybohnen (Dose) hinzufügen und 5 Minuten mitköcheln lassen. Den Bohnentopf mit Salz, Pfeffer und Cayennepfeffer abschmecken. Mit zwei gehackten Frühlingszwiebeln bestreuen und servieren.

Zubereiten: 30 Minuten

Katalanischer Fischtopf mit Meeresfrüchten

Für 4 Personen

- 2 große Gemüsezwiebeln
- 2 Knoblauchzehen
- 200 g küchenfertiger Tintenfisch (nur die Tuben)
- 500 g gemischte Fischfilets (z. B. Seeteufel, Dorade, Seehecht, Zackenbarsch)
- 4 EL Zitronensaft
- 5 EL Olivenöl
- 500 g passierte Tomaten
- 800 ml Fischfond
- 1 Lorbeerblatt
- Salz
- frisch gemahlener Pfeffer
- 75 ml trockener Sherry
- 4 EL Brandy
- 250 g geschälte rohe Riesengarnelen
- 25 g Mandelstifte
- 2 EL Semmelbrösel
- 2 Messerspitzen gemahlener Safran
- Cayennepfeffer

Pro Portion:
440 kcal; 46 g Eiweiß; 13 g Kohlenhydrate; 23 g Fett; 4 g Ballaststoffe

1. Die Zwiebeln schälen und in Würfel schneiden. Den Knoblauch schälen und fein hacken. Die Tintenfischtuben waschen, in Ringe schneiden und in eine Schüssel füllen.

2. Die Fischfilets in mundgerechte Stücke schneiden und in eine zweite Schüssel geben. Tintenfischringe und Fischstücke mit je 1 EL Zitronensaft beträufeln.

3. Das Öl in einem Topf erhitzen. Die Zwiebelwürfel darin glasig dünsten. Tintenfisch und Knoblauch dazugeben und 2 Minuten mitdünsten. Tomaten, Fischfond und Lorbeerblatt untermischen und alles aufkochen. Mit Salz und Pfeffer würzen. Sherry und Brandy unterrühren.

4. Die Fischstücke in die Suppe geben und bei schwacher Hitze in insgesamt 7 Minuten gar ziehen lassen. Nach 4 Minuten die Riesengarnelen hinzufügen und alles zusammen 3 Minuten garen.

5. In der Zwischenzeit die Mandelstifte in einer Pfanne rösten. Anschließend mit Semmelbröseln, Safran und 5 EL von der Suppe vermischen.

6. Die Mandelmischung in die Fischsuppe rühren. Alles mit dem restlichen Zitronensaft (2 EL) und mit Cayennepfeffer abschmecken. Nach Belieben mit Dill garnieren.

Aus dem Vorrat

TK-Meeresfrüchte-Mischung und TK-Fischfilets verwenden. Im Kühlschrank nach Packungsangabe auftauen lassen; den Fischtopf wie beschrieben zubereiten.

Alternative

Ersetzen Sie eine Gemüsezwiebel durch eine Fenchelknolle mit Grün. Die Knolle in dünne Scheiben schneiden und in Schritt 3 mitdünsten. Das Gericht mit Fenchelgrün statt mit Dill garnieren.

Variante: Muschelsuppe

In einem Topf 100 g gewürfelten Frühstücksspeck in 1 EL Öl ausbraten. Zwei gewürfelte Zwiebeln und zwei gehackte Knoblauchzehen darin glasig dünsten. Vier in Streifen geschnittene Selleriestangen, 500 g klein gewürfelte Kartoffeln und 1 Lorbeerblatt dazugeben. Alles mit 400 ml Fischfond und 250 ml Gemüsebrühe aufgießen, dann aufkochen und 10 Minuten köcheln lassen. 250 g Sahne unterrühren und erhitzen. 360 g aufgetautes TK-Miesmuschelfleisch hinzufügen und die Suppe 5 Minuten unter gelegentlichem Rühren köcheln lassen. Mit Salz, Pfeffer und 1 EL Zitronensaft abschmecken. Die Suppe mit etwa 2 EL gehackter Petersilie bestreuen und servieren.

4 x Suppen pikant & eiskalt

Zubereiten: 25 Min. | Kühlen: 2 Std.

Gazpacho

2 Scheiben Weißbrot entrinden, grob zerkleinern und in **250 ml Orangensaft** 5 Minuten einweichen. **750 g Strauchtomaten** waschen und vierteln. **1 rote Paprikaschote** putzen, waschen und würfeln. **3/4 unbehandelte Salatgurke** waschen, längs halbieren, entkernen, zerkleinern. Mit Tomaten, Paprika und eingeweichtem Brot samt Saft im Mixer pürieren; Püree durch ein Sieb oder eine Passiermühle drücken. **2 Knoblauchzehen** zerdrücken; unter die Suppe mischen. Die Gazpacho mit **2 EL Weinessig, Pfeffer, Salz** und **Cayennepfeffer** pikant abschmecken. 2 Stunden kühlen; **4 EL Olivenöl** unterrühren. Die Suppe mit Paprika-, Gurken- und Eiswürfeln und Croûtons servieren.

Pro Portion:
195 kcal; 4 g Eiweiß; 18 g Kohlenhydrate; 11 g Fett; 4 g Ballaststoffe

Zubereiten: 15 Min. | Kühlen: 1 Std.

Kalte Gurkensuppe mit Kräutern

2 unbehandelte Gurken waschen, längs halbieren, entkernen und grob zerkleinern. Mit **1/2 TL Salz** bestreuen; 5 Minuten ziehen lassen. **10 Sauerampferblätter** und **2 Borretschblätter** waschen. **1 Knoblauchzehe** hacken, salzen und mit dem Messerrücken zerdrücken. Gurken mitsamt Flüssigkeit, Sauerampfer und Borretsch im Mixer pürieren. **500 g Joghurt** und **100 g Crème fraîche** untermixen. Mit Knoblauch, **Pfeffer** und **2 EL Zitronensaft** abschmecken. Die Suppe mindestens 1 Stunde kühl stellen. Vor dem Servieren mit dem Schneebesen schaumig aufschlagen. Mit **Radieschenwürfeln** garnieren.

Pro Portion:
165 kcal; 6 g Eiweiß; 8 g Kohlenhydrate; 12 g Fett; 0,5 g Ballaststoffe

Zubereiten: 15 Min. | Kühlen: 30 Min.

Pikante Avocadosuppe mit Melone

Zuerst **2–3 Avocados** (500 g, am besten die Sorte Hass) halbieren; Kerne entfernen und das Fruchtfleisch herausheben. (Dünnschalige Avocados zuerst schälen, dann halbieren und entkernen.) Das Fruchtfleisch grob würfeln, sofort mit **2 EL Zitronensaft** beträufeln und mit **500 g Dickmilch** (am besten Schwedenmilch oder eine Mischung aus 300 g Buttermilch und 200 g saurer Sahne), **75 ml Apfelsaft** und **1 EL Olivenöl** im Mixer fein pürieren. Die Suppe mit **Kräutersalz, Pfeffer** und **1 EL weißem Balsamico-Essig** abschmecken, anschließend 30 Minuten kühlen. **250 g kalte Wassermelone** von Schale und Kernen befreien und in kleine Würfel schneiden. Mit **1 EL Zitronensaft** beträufeln. Die Suppe auf Schalen verteilen und die Melonenwürfel hineingeben. Mit **Basilikum-** oder **Minzeblättchen** garnieren und servieren.

Pro Portion:
350 kcal; 6 g Eiweiß; 13 g Kohlenhydrate; 31 g Fett; 3 g Ballaststoffe

Zubereiten: 15 Min. | Kühlen: 3 Std.

Kartoffel-Lauch-Suppe „Vichyssoise"

350 g mehligkochende Kartoffeln schälen und in 1 cm große Würfel schneiden. **2 Stangen Lauch** putzen, waschen und in Streifen schneiden. **2 Knoblauchzehen** schälen und fein hacken. **1 EL Butter** in einem Topf erhitzen. Kartoffeln, Lauch und Knobauch darin kurz dünsten. **750 ml Hühnerbrühe** dazugießen und aufkochen. Das Gemüse zugedeckt in etwa 15 Minuten weich garen. Den Topf von der Kochstelle nehmen. Die Suppe mit Salz und Pfeffer würzen. Mit dem Stabmixer pürieren, dabei **75 ml trockenen Weißwein, 150 g Sahne** und **50 g Kräuter-Frischkäse** untermixen. Die Suppe abkühlen lassen; zugedeckt mindestens 3 Stunden kühl stellen. Vor dem Servieren mit **Schnittlauch** bestreuen.

Pro Portion:
355 kcal; 25 g Eiweiß; 17 g Kohlenhydrate; 25 g Fett; 3 g Ballaststoffe

Erfrischung fürs Sommerfest

Überraschen Sie Ihre Gäste mit einer kalten Suppe auf dem Buffet, die Sie schon am Vortag zubereitet haben. Die kalte Suppe in eine große Suppenschüssel füllen, diese in ein größeres Gefäß stellen, in dem sich Eiswürfel oder Kühlakkus befinden. Oder in einem Eiswürfelbehälter Gemüsebrühe einfrieren und pro Portion einen Würfel in die Suppe geben. So bleibt sie kalt und wird noch dabei etwas flüssiger und aromatischer – perfekt für heiße Tage.

Zubereiten: 30 Minuten

Provenzalischer Gemüse-Rindfleisch-Topf

Für 4 Personen

- 2 Scheiben Entrecôte (Zwischenrippenstück; je 250 g)
- frisch gemahlener Pfeffer
- 1/2 TL gemahlenes Piment
- 1 große Zwiebel
- 2 Knoblauchzehen
- 2 Rosmarinzweige
- 4 Thymianzweige
- 1 Aubergine (250 g)
- 350 g Zucchini
- 1 gelbe Paprikaschote
- 2 EL Bratöl
- Salz
- 2 EL Olivenöl
- 1 TL Kräuter der Provence
- 150 g getrocknete Tomaten
- 250 ml trockener Weißwein
- 250 ml Gemüsebrühe
- 20 schwarze Oliven

Pro Portion:
355 kcal; 29 g Eiweiß; 10 g Kohlenhydrate; 22 g Fett; 6 g Ballaststoffe

1. Das Fleisch mit Pfeffer und Piment würzen. Zwiebel schälen und würfeln. Knoblauchzehen schälen und hacken. Rosmarin und Thymian waschen.

2. Die Aubergine waschen, das obere Ende abschneiden und die Frucht in 1 cm große Würfel schneiden. Zucchini waschen, die Enden abschneiden und die Zucchini in 1 cm große Würfel schneiden. Die Paprikaschote von Samen und Trennwänden befreien, waschen und in feine Streifen schneiden.

3. Das Bratöl in einer Kasserolle erhitzen. Die Entrecôtes darin auf jeder Seite bei starker Hitze 1 Minute anbraten, wenden und bei mittlerer Hitze ebenfalls 1 Minute pro Seite braten. Das Fleisch herausnehmen, salzen und zugedeckt ruhen lassen. (Die Entrecôtes dafür am besten auf einem Teller übereinanderlegen und mit einer Schüssel bedecken.)

4. Das Olivenöl in die Kasserolle geben und die Zwiebeln darin 1 Minute braten. Auberginen, Zucchini, Paprika und Knoblauch zu den Zwiebeln geben; 3 Minuten mitbraten, dabei gelegentlich rühren. Kräuterzweige hinzufügen. Gemüse mit Kräutern der Provence, Salz und Pfeffer würzen. Die getrockneten Tomaten in 1,5 cm große Stücke schneiden.

5. Tomaten, Wein und Brühe zum Gemüse geben; aufkochen. Alles zugedeckt 5 Minuten köcheln lassen. Das Fleisch auf das Gemüse legen und bei schwacher Hitze zugedeckt in 5 Minuten gar ziehen lassen. Oliven unter das Gemüse mischen. Das Fleisch in dünne Scheiben schneiden und diese auf dem Gemüse anrichten.

Alternative

Im Sommer können Sie statt der getrockneten Tomaten 300 g frische Cocktailtomaten (im Ganzen) unter das Gemüse mischen.

So geht's noch schneller

Das frische Gemüse (Aubergine, Zucchini, Paprika) durch eine getrocknete Mittelmeer-Gemüse-Mischung ersetzen und mit den Tomaten in Schritt 5 zugeben. Angegebene Garzeit auf der Packung beachten.

Variante: Mediterraner Gemüsetopf mit Brot

250 g Wirsing und 1 Stange Lauch in Streifen schneiden; das Gemüse in kochendem Wasser 3 Minuten vorgaren. In ein Sieb abgießen, kalt abspülen und abtropfen lassen. Eine gewürfelte Gemüsezwiebel und drei gehackte Knoblauchzehen in 2 EL Öl glasig dünsten. Das blanchierte Gemüse, vier grob gewürfelte Strauchtomaten und 1 l Gemüsebrühe dazugeben. Alles aufkochen und 5 Minuten köcheln lassen. Inzwischen 4 Scheiben Weizenvollkornbrot toasten. Die Scheiben auf vier tiefe Teller verteilen und jeweils mit 1 TL Tomaten-Pesto bestreichen. Die Suppe mit Salz, Pfeffer und edelsüßem Paprikapulver abschmecken, auf die Brotscheiben in die Teller schöpfen. Mit 1 EL Olivenöl beträufeln.

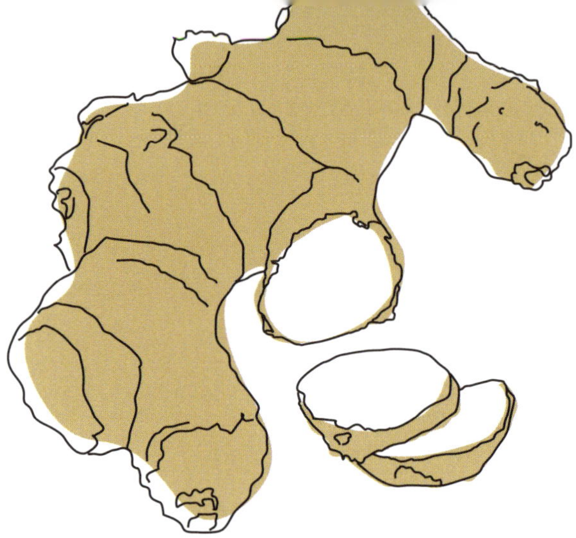

Zubereiten: 25 Minuten

Linsen und Spinat mit Curry

Für 4 Personen

200 g rote Linsen
600 ml Gemüsebrühe
1 große Zwiebel
2 Knoblauchzehen
5 cm frischer Ingwer (etwa 25 g)
2 Tomaten
2 EL Butterschmalz
1/2 TL gemahlener Kreuzkümmel
100 g Sahne
450 g TK-Blattspinat (portionierbar)
Salz
1 TL scharfes Currypulver
1/2 TL gemahlener Koriander
1/2 TL Garam Masala (indische Gewürzmischung)

Pro Portion:
326 kcal; 18 g Eiweiß; 32 g Kohlenhydrate; 14 g Fett; 9 g Ballaststoffe

1. Die Linsen waschen und abtropfen lassen. Die Zwiebel schälen und würfeln. Die Knoblauchzehen und den Ingwer schälen und fein hacken. Die Tomaten waschen, von den grünen Stielansätzen befreien und in Würfel schneiden.

2. Das Butterschmalz in einem Topf erhitzen, Die Zwiebeln darin kurz braten. Knoblauch, Ingwer und Kreuzkümmel dazugeben und kurz mitbraten, dann die Tomaten hinzufügen und ebenfalls kurz mitbraten.

3. Die Sahne in den Topf gießen und aufkochen. Den gefrorenen Spinat untermischen. Das Ganze mit Salz, Currypulver und Koriander würzen. Zugedeckt 12 Minuten köcheln lassen, dabei immer wieder rühren.

4. Währenddessen die Gemüsebrühe mit den Linsen in einen zweiten Topf geben. Aufkochen und 10 Minuten köcheln lassen, bis die Linsen weich sind.

5. Den Spinat mit Garam Masala abschmecken. Die Linsen mit dem Spinat mischen und das Gericht auf tiefen Tellern oder in Schalen anrichten.

Das schmeckt dazu

Ein erfrischender Gurken-Joghurt (Gurken-Raita) ist die passende Ergänzung zu den Linsen. Dafür kleine Gurkenwürfel, kleine Tomatenwürfel und zerkleinerte Frühlingszwiebeln mit Joghurt mischen. Mit Salz, Pfeffer und etwas gemahlenem Kreuzkümmel oder ganzen Senfsamen abschmecken.

Alternativen

Den frischen Ingwer können Sie durch gemahlenen Ingwer (3/4 TL) ersetzen und Garam Masala durch gemahlenen Koriander und gemahlenen Kreuzkümmel.

Variante: Linsen mit Blumenkohl

2 EL Öl in einer Kasserolle erhitzen. Eine gewürfelte Zwiebel darin kurz anbraten. Zwei gewürfelte Knoblauchzehen und 1 TL Garam Masala dazugeben. 750 ml Gemüsebrühe hinzugießen und aufkochen. 500 g Blumenkohlröschen (TK oder frisch) dazugeben, aufkochen und 2 Minuten garen. 200 g abgespülte und abgetropfte rote Linsen untermischen. Alles zusammen weitere 10 Minuten garen. Die Mischung mit 1 TL scharfem Currypulver, 1/2 TL edelsüßem Paprikapulver und einer Messerspitze Macis (Muskatblüte) würzen. Das Gericht mit Salz und Pfeffer abschmecken. Mit gehacktem Koriandergrün oder Petersilie und nach Belieben mit gerösteten Mandelstiften bestreuen; servieren.

Zubereiten: 20 Minuten

Spanischer Bohnentopf mit Chorizo

Für 4 Personen

- 1 große Zwiebel
- 4 Knoblauchzehen
- 4 EL Olivenöl
- 1 Dose weiße Bohnen (Abtropfgewicht 500 g)
- 1 Lorbeerblatt
- 100 ml Gemüsebrühe
- 50 g luftgetrockneter roher Schinken (z. B. Serrano)
- 1 1/2 TL edelsüßes Paprikapulver
- 1 Messerspitze gemahlener Safran
- 200 g Chorizo oder andere würzige luftgetrocknete Wurst
- Salz
- frisch gemahlener Pfeffer
- 1 EL Sherryessig

Pro Portion:
370 kcal; 19 g Eiweiß; 14 g Kohlenhydrate; 27 g Fett; 6 g Ballaststoffe

1. Zwiebel schälen und würfeln. Knoblauchzehen schälen und fein hacken. 2 EL Olivenöl in einem Topf erhitzen, Zwiebel und Knoblauch darin glasig dünsten.

2. Die Bohnen aus der Dose in ein Sieb schütten, kalt abspülen und gut abtropfen lassen. Mit dem Lorbeerblatt zu den Zwiebeln in den Topf geben.

3. Die Gemüsebrühe in den Topf gießen und aufkochen lassen. Währenddessen den Schinken in Streifen schneiden.

4. Die Bohnenmischung mit Paprikapulver und Safran würzen, dann Schinken und Chorizo hinzufügen. Alles 10 Minuten ziehen lassen.

5. Die Wurst aus dem Eintopf nehmen und in Scheiben schneiden. Die Bohnensuppe mit Salz und Pfeffer würzen. Den Sherryessig und das restliches Öl (2 EL) unterrühren. Die Chorizoscheiben untermischen und den Eintopf servieren.

Alternativen

Wer mag, kann den Bohnentopf mit frischem Gemüse anreichern. Probieren Sie einmal in Würfel geschnittene Selleriestangen und in Streifen geschnittenen jungen Spitzkohl. Beides mit den Bohnen in den Topf geben. Aus dem Bohnentopf lässt sich ebenso leicht ein Kichererbsentopf zubereiten, indem Sie die Bohnen durch Kichererbsen ersetzen.

Variante: Bohnentopf mit Speck

100 g gewürfelten Räucherspeck in 1 EL zerlassenem Schweineschmalz 2 Minuten anbraten. Eine gewürfelte Zwiebel dazugeben und 1 Minute mitbraten, dabei gelegentlich umrühren. Zwei gehackte Knoblauchzehen, 1 EL Tomatenmark, 500 g abgetropfte weiße Bohnen (Dose), 1 Lorbeerblatt und 150 ml Gemüsebrühe dazugeben und alles erhitzen. Den Eintopf mit Salz, Pfeffer, 1/2 TL getrocknetem Rosmarin und 1 TL scharfem Paprikapulver würzen. 200 g abgetropfte eingelegte Paprikaschoten (Glas) und 1 Tasse (100 g) gegarten Reis (evtl. Rest) untermischen. 5 Minuten bei schwacher Hitze ziehen lassen.

Zubereiten: 25 Minuten

Wan-Tan-Suppe

Für 4 Personen

- 1 rote Chilischote
- 1/2 TL Korianderkörner
- 2 cm frischer Ingwer (etwa 10 g)
- 1,25 l Hühnerbrühe
- 250 g fertige Wan-Tans (chinesische gefüllte Nudeln; Kühlregal im Asienladen)
- 4 Frühlingszwiebeln
- 125 g Chinakohl
- 2 Stängel Koriandergrün
- 1 EL Sojasauce
- frisch gemahlener Pfeffer
- Salz
- 1/2 TL Rohrohrzucker
- 1 EL Reiswein oder trockener Sherry
- 4 TL Sesamöl

Pro Portion:
320 kcal; 23 g Eiweiß; 12 g Kohlenhydrate; 20 g Fett; 2 g Ballaststoffe

1. Die Chilischote waschen, längs halbieren und je nach gewünschtem Schärfegrad von Samen und Trennwänden befreien. Die Schote in halbe Ringe schneiden. Korianderkörner im Mörser zerstoßen. Ingwer schälen und hacken.

2. Die Hühnerbrühe in einem Topf zum Kochen bringen. Mit Chili, zerstoßenem Koriander und Ingwer würzen. Wan-Tans in die Brühe geben und etwa 2 Minuten (Packungsangabe beachten) erhitzen.

3. In der Zwischenzeit die Frühlingszwiebeln putzen, waschen und in feine Ringe schneiden. Den Chinakohl putzen, waschen und in feine Streifen schneiden. Koriandergrün waschen und die Blättchen von den Stielen zupfen.

4. Die Brühe mit Sojasauce, Pfeffer, Salz, Ingwer und Zucker sowie mit Reiswein oder Sherry abschmecken. Die Frühlingszwiebeln und den Chinakohl 1 Minute darin ziehen lassen.

5. Die Suppe auf Schalen oder Teller verteilen. Mit dem Sesamöl beträufeln und mit den Korianderblättchen bestreuen. Sofort servieren.

So geht's noch schneller

Statt des frischen Ingwers können Sie 1/4 TL gemahlenen Ingwer nehmen und 1/4 TL gemahlenen Koriander, statt die Korianderkörner selbst zu zerstoßen. Allerdings ist das Aroma der gemahlenen Gewürze nicht ganz so intensiv wie das der frisch zerkleinerten.

Mit Sojasprossen

Wer mag, bestreut die Wan-Tan-Suppe auch noch mit frischen Sojasprossen. Diese vorher kurz blanchieren und in einem Sieb abtropfen lassen. Wem das zu aufwendig ist, der kann Sojasprossen aus dem Glas nehmen.

Alternative

Die Wan-Tans können Sie durch gegarte asiatische Eiernudeln oder gegarten Reis ersetzen.

Variante: Asiatische Hühnersuppe

1 Stängel Zitronengras in feine Scheiben und 1 grüne Chilischote in Ringe schneiden. Mit 1 EL fein gewürfeltem Ingwer und 1/2 TL zerstoßenen Korianderkörnern in 1 l Hühnerbrühe geben. Die Brühe aufkochen und 5 Minuten köcheln lassen. Von 150 g Shiitakepilzen die Hüte in feine Streifen schneiden und 1 Möhre grob raspeln. Die Brühe durch ein Sieb in einen zweiten Topf gießen. Pilze und Möhren in die Brühe geben und 2 Minuten darin ziehen lassen. 250 g Wan-Tans untermischen und in der Suppe heiß werden lassen. Die Suppe mit 2 EL Sojasauce, 2 EL Fischsauce und 2 EL Zitronensaft abschmecken. Mit Frühlingszwiebelringen und Korianderblättchen bestreuen.

Zubereiten: 25 Minuten

Griechische Zitronensuppe

Für 4 Personen

- 1,3 l Hühnerbrühe
- 100 g Langkornreis (parboiled)
- 1 Lorbeerblatt
- 250 g Hähnchenbrustfilet
- Salz
- frisch gemahlener Pfeffer
- 10 Blättchen Zitronenmelisse
- 2 Eier
- 4 EL Zitronensaft
- 1/2 unbehandelte Zitrone

Pro Portion:
380 kcal; 40 g Eiweiß; 21 g Kohlenhydrate; 15 g Fett; 1 g Ballaststoffe

1. Die Brühe mit Reis und Lorbeerblatt in einem Topf zum Kochen bringen, dann 10 Minuten zugedeckt bei schwacher Hitze köcheln lassen.

2. Inzwischen das Hähnchenbrustfilet in Streifen schneiden. Mit Salz und Pfeffer würzen. Eine Tasse Brühe aus dem Topf nehmen und etwas abkühlen lassen. Das Fleisch in den Topf geben und die Suppe 8 Minuten köcheln lassen, bis das Fleisch gar und der Reis körnig ist.

3. Währenddessen 6 Zitronenmelisseblättchen in Streifen schneiden. Die Eier in einer Schüssel mit einem Schneebesen schaumig schlagen; die abgekühlte Brühe (Tasse) und den Zitronensaft nach und nach unter die Eier rühren.

4. Von der Zitronenhälfte die Schale mit einem Zestenreißer in Streifen abziehen oder fein abreiben. Den Topf von der Kochstelle nehmen. Die Eier-Zitronen-Sauce nach und nach unter kräftigem Rühren in die Suppe gießen.

5. Den Topf mit der Suppe wieder auf die Kochstelle setzen. Die Suppe bei schwacher Hitze erwärmen, dabei mit dem Schneebesen rühren. Wichtig: Die Suppe darf auf keinen Fall mehr kochen.

6. Die Zitronensuppe mit Salz und Pfeffer abschmecken. Die Zitronenmelissestreifen und die Hälfte der Zitronenschale unterrühren. Die Suppe auf Teller verteilen. Mit den Kräuterblättchen und der restlichen Zitronenschale garnieren; sofort servieren.

So geht's noch schneller

Statt der Hähnchenbrust 250 g Putengeschnetzeltes oder Kalbsgeschnetzeltes verwenden. Beides gart etwas schneller in der Hühnerbrühe als Hähnchenbrust.

Reste verwerten

Wer gekochten Reis übrig hat, muss ihn in der Suppe nur erhitzen, bevor die Eier-Zitronen-Sauce untergerührt wird. Schritt 1 des Rezepts entfällt, in Schritt 2 braucht der Reis nur 2–3 Minuten in der Brühe mitzugaren.

Variante: Zitronensuppe mit Gemüse

1,3 l Gemüsebrühe mit 100 g gewaschenem Vollkornreis, 1 Lorbeerblatt und 2 Nelken in einem Topf aufkochen; 20 Minuten zugedeckt köcheln lassen. Inzwischen 1 Möhre und 1 Zucchini putzen und raspeln. 1 Stange Sellerie putzen und fein hacken. Das zerkleinerte Gemüse in die Brühe geben und alles 10 Minuten köcheln lassen. Währenddessen 2 Eigelb mit 2 EL Olivenöl und 2 EL Sahne verquirlen. Nach und nach 4 EL Zitronensaft unterrühren. Die Eier-Zitronen-Sahne in die Brühe rühren; die Suppe erwärmen (nicht kochen). Die Suppe mit gehackten Frühlingszwiebeln bestreuen; sofort servieren.

Suppen und Eintöpfe nach Zubereitungszeit

In 10–15 Minuten fertig

In 20–25 Minuten fertig

In 30 Minuten fertig

* plus Kühlzeit

Rezept- und Sachregister

Rezeptvarianten sind *kursiv* gesetzt.

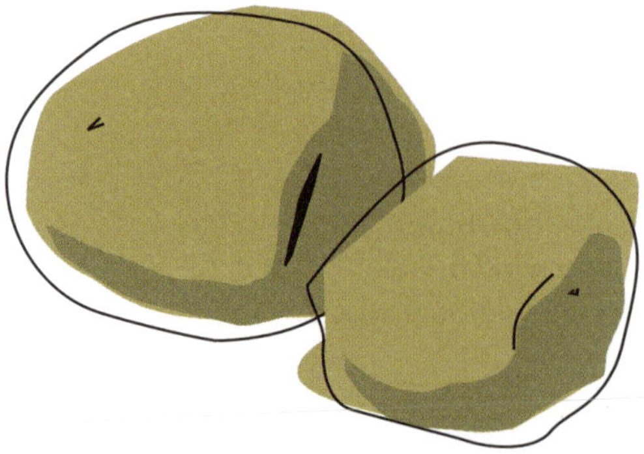

L

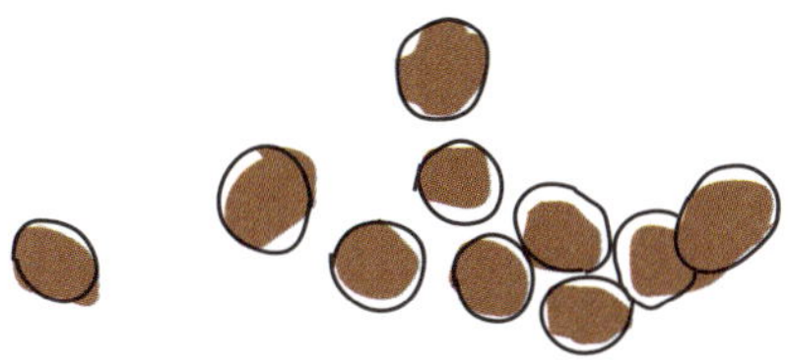

M

N

U

V

W

Z

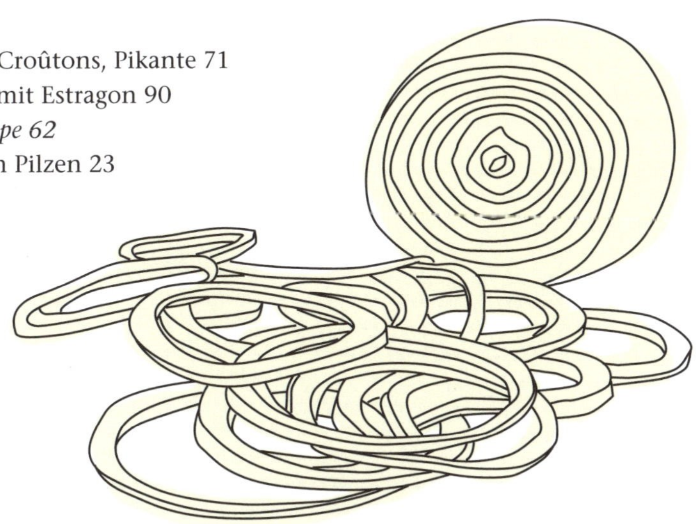

Autorin: Annette Heisch
Producing: Redaktionsbüro Cornelia Klaeger, München
Fotografie: Christiane Krüger, Hamburg
Food-Styling: Maren Jahnke
Illustration: know idea GmbH, Freiburg
Umschlagvorderseite: iStock/5PH

Reader's Digest
Redaktion: Stephanie Winterkorn (Projektleitung)
Grafik und Prepress: Klaus Eitel (Projektleitung)
Bildredaktion: Sabine Schlumberger

Redaktionsdirektor: Michael Kallinger
Chefredakteurin Buch: Dr. Renate Mangold
Art Director: Susanne Hauser

Produktion:
arvato distribution: Thomas Kurz

Druck und Binden
Livonia Print, Riga

Überarbeitete Neuausgabe 2019

UK 0156/G/S

Printed in Latvia

ISBN 978-3-96211-020-8

Besuchen Sie uns im Internet
readersdigest-verlag.de
readersdigest-verlag.ch
readersdigest-verlag.at